Abkürzungsverzeichnis

cm	-	Zentimeter
EL	-	Esslöffel
KL	-	Kaffeelöffel
l	-	Liter
ml	-	Milliliter
Pkt.	-	Päckchen
Msp.	-	Messerspitze

5 4 3 2
ISBN 978-3-88117-672-9
Redaktion: Monika Römer
Gestaltung: Niels Bonnemeier

www.hoelker-verlag.de

Printed in Italy

Renate Wagner-Wittula
Christoph Wagner

Das kleine Kochbuch aus Österreich

Hölker Verlag

Inhalt

Die Rezepte sind, falls nicht anders angegeben,
für 4 Personen berechnet.

Vorwort

Das Besondere der österreichischen Küche lässt sich ganz einfach in einem Satz erfassen: Ihre berühmtesten Gerichte stammen gar nicht aus Österreich. So ist etwa das „Wiener Schnitzel" ein leicht verändertes „Costoletta milanese", der Strudel eine türkische Erfindung, die Knödel verdanken ihren Siegeszug den böhmischen Köchinnen. Das berühmte Wiener Siedefleisch von Tafelspitz bis Schulterscherzl hat eine verräterische Ähnlichkeit mit Italiens „Bollito misto". Das Wiener Saftgulasch ist eine Anleihe an das ungarische Gulyás, das freilich, um die Sache vollends kompliziert zu machen, eher eine Gulaschsuppe als ein Gulasch ist. Was ist dann die österreichische Küche wirklich, die im Übrigen häufig mit dem Begriff der „Wiener Küche" verwechselt wird, genau betrachtet aber viel mehr als nur eine Stadtküche ist, die sich aus den entlegensten Winkeln der alten Donaumonarchie die hervorragendsten Köstlichkeiten zusammengestohlen hat?

Es wird in Österreich nämlich keineswegs nur „typisch wienerisch“ gekocht. Es gibt die Küchen der Berge und jene der Ebenen, die des Weinlandes und die der Kornkammern, die Küche der Einschicht und die Küche der Dörfer. Gewissermaßen leitmotivisch vernimmt man in dieser kulinarischen Symphonie das Quartett von Sterzen, Nocken, Knödeln und Schmarren, die in den unterschiedlichsten Variationen die Gestaltung der österreichischen Tafeln bestimmen.
Fleischgerichte spielen in der österreichischen Küche vor allem bei der Vorratshaltung, beim Suren und Selchen oder der Verarbeitung in Form von Sulzen eine Rolle. Und die Schweinsbratendominanz der Speisekarten vieler ländlicher Gasthöfe darf nicht darüber hinwegtäuschen, dass der kulinarische Ideenreichtum des Landes in Wahrheit viel größer ist. Denken wir nur an die Kärntner Kasnudel, die Waldviertler Knödel, die Tiroler Leber oder die Salzburger Nockerl. Dieser kulinarischen Phantasie verdankt Österreich auch eine schier unüberschaubare Palette von Suppen und Suppeneinlagen von der Frittaten- über die Leberknödel- bis hin zur Steirischen Kürbissuppe.
Und die österreichische „Mehlspeiskuchl“ ist in der Tat stark böhmisch beeinflusst, hat sich jedoch mit ihren zahllosen Torten, Buchteln, Kringeln, Strudeln, Stollen, Weihnachtsbäckereien und Mozartkugeln durchaus zu einem eigenständigen „Mehlspeishimmel“ entwickelt, der – nicht nur in Wien, sondern auch im Umland – bekanntlich „voller Geigen hängt“, die zu den süßen Verführungen die Walzer von Johann Strauß Vater und Sohn intonieren.

Suppen & Vorspeisen

Frittatensuppe

Für 4–5 Portionen
ca. 75 g glattes Mehl, 1/8 l Milch, 2 Eier,
Salz, Öl zum Herausbacken, 1 l heiße Rindsuppe,
gehackte Petersilie zum Bestreuen

In einer Schüssel Mehl, Milch, Eier und Salz zu einem glatten Palatschinkenteig versprudeln. In einer kleinen Pfanne etwas Öl erhitzen und nacheinander 3–4 Palatschinken backen (Rezept S. 71). Jede Palatschinke einzeln zusammenrollen und mit einem scharfen Messer feinnudelig schneiden. Frittaten auf vorgewärmte Suppenteller verteilen, mit heißer Rindsuppe übergießen und mit gehackter Petersilie bestreuen.

Die Frittaten, entfernte Verwandte der berühmten venezianischen Frittata, können durch die Zugabe von frischen gehackten Kräutern noch weiter verfeinert werden.

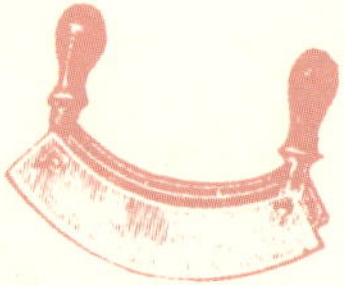

Kaiserschöberlsuppe

Für 6 Portionen
3 Eier, 3 EL zimmerwarme Butter,
2 EL Milch, 4 EL glattes Mehl, Salz,
1 Prise frisch geriebene Muskatnuss,
2 EL Reibkäse,
Butter und Mehl für die Form,
1 1/2 l heiße Rindsuppe,
gehackte Petersilie oder geschnittener
Schnittlauch zum Bestreuen

Das Backrohr auf 200 °C vorheizen. Die Eier trennen. Butter schaumig rühren und mit Milch, Mehl sowie Dottern zu einem Teig verarbeiten. Salz, Muskatnuss und Reibkäse einmengen. Eiklar mit 1 Prise Salz steif schlagen und unter den Teig ziehen. Masse fingerdick in eine befettete und mit Mehl bestaubte Form streichen. Die Masse im Backrohr ca. 15 Minuten goldgelb backen. Auskühlen lassen und den Teig zu Rhomben oder Vierecken schneiden. Kaiserschöberl erst unmittelbar vor dem Servieren (am besten im Backrohr) leicht anwärmen, in vorgewärmten Suppentellern anrichten und mit heißer Rindsuppe übergießen. Mit Petersilie und Schnittlauch bestreuen.

Grießnockerlsuppe

Für 6 Portionen
3–4 EL zimmerwarme Butter,
1 Ei, 150 g Grieß, Salz,
1 Prise frisch geriebene Muskatnuss,
1 1/2 l heiße Rindsuppe,
geschnittener Schnittlauch
zum Bestreuen

Die Butter schaumig rühren und vorsichtig zunächst das Ei und dann den Grieß untermengen. Mit Salz und Muskatnuss würzen. Masse kurz rasten lassen. Währenddessen in einem großen Topf ausreichend viel Salzwasser aufkochen. Aus der Masse mit 2 mit Wasser benetzten Suppenlöffeln zeppelinförmige Nockerl ausstechen und im Salzwasser sanft wallend 5 Minuten ziehen lassen. Topf vom Feuer nehmen und die Nockerl noch 10 Minuten ziehen lassen. Grießnockerl auf vorgewärmte Suppenteller verteilen, mit heißer Rindsuppe übergießen und mit Schnittlauch bestreuen.

Leberknödelsuppe

Für 6 Portionen

200 g Schweinsleber,
Weißbrot mit Rinde,
etwas Milch zum Weichen,
1 Frühlingszwiebel, Butter zum Anrösten,
1 EL gehackte Petersilie, 1 Ei,
100 g Butter, 100 g Semmelbrösel, Salz,
frisch gemahlener Pfeffer, 1 Prise Majoran,
1 1/2 l heiße Rindsuppe, gehackte Petersilie
oder geschnittener Schnittlauch
zum Bestreuen

Leber auf ein Schneidbrett legen und mit einem scharfen Messer fein schaben. Weißbrot in Milch einweichen. Die Zwiebel schälen, fein hacken, in Butter hell anrösten und mit fein gehackter Petersilie vermischen. Gemeinsam mit dem gut ausgedrückten Weißbrot und der Leber in einer Schüssel gründlich verrühren. Masse durch ein Sieb passieren, Ei, Butter und Brösel darunterrühren und mit Salz, Pfeffer sowie Majoran würzen. 1/2 Stunde kühl rasten lassen.
Hände befeuchten, aus dem Teig kleine Knödel formen und in leicht wallendem Salzwasser kochen lassen, bis sie aufsteigen. Topf vom Herd nehmen und die Knödel weitere 5 Minuten darin ziehen lassen. Knödel auf vorgewärmte Suppenteller verteilen und mit heißer Rindsuppe übergießen. Mit Petersilie oder Schnittlauch bestreuen und servieren.

Tiroler-Knödel-Suppe

Für 6 Portionen
ca. 200 g Semmelwürfel,
50 g Tiroler Schinkenspeck,
50 g Dauerwurst (z. B. Salami),
1/8 l Milch, 2 Eier, Salz,
1 Prise frisch geriebene Muskatnuss,
1 EL gehackte Petersilie, 40 g glattes Mehl,
1 1/2 l heiße Rindsuppe, geschnittener
Schnittlauch zum Bestreuen

In einer Schüssel Semmelwürfel mit Speckwürfeln und sehr fein gehackter Dauerwurst vermengen. Milch und Eier in einer Schale versprudeln, mit Salz, Muskatnuss und Petersilie würzen und über die Semmelwürfel gießen. Etwa 15 Minuten ziehen lassen, dann erst Mehl darunter mischen. Hände befeuchten und aus der Masse kleine Knödel formen. Die Konsistenz der Masse nach Bedarf durch Zugabe von Milch oder Mehl korrigieren. Knödel in Salzwasser 10–15 Minuten kochen lassen, bis sie aufsteigen. Je 2 Knödel in vorgewärmten Suppenschüsseln anrichten, mit heißer Rindsuppe übergießen und mit Schnittlauch bestreuen.

Tiroler Knödel werden häufig auch als Hauptspeise serviert. In diesem Fall sind sie größer geformt und werden von Sauerkraut oder Salat begleitet.

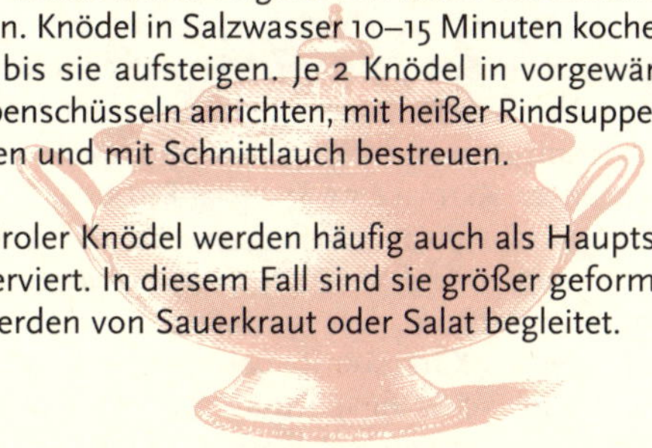

Steirische Kürbissuppe

600 g möglichst intensiv gelbes Kürbisfleisch, 1 Zwiebel, 2 EL Butterschmalz, 1 EL glattes Mehl, 1 kräftiger Schuss steirischer Welschriesling zum Aufgießen (oder ein anderer trockener Weißwein), 3/4 l Rindsuppe, 1/4 l Schlagobers, Salz, frisch gemahlener Pfeffer, 1 Prise frisch geriebene Muskatnuss, 2 EL Kürbiskerne, etwas Fett zum Rösten, Kürbiskernöl zum Garnieren

Das Kürbisfleisch von weißen Fädchen und allfälligen Kernen befreien und klein würfeln. Zwiebel schälen und klein schneiden. In heißem Butterschmalz hell anrösten und Kürbiswürfel dazugeben. Alles einige Minuten durchrösten lassen. Mehl darüberstreuen, gut umrühren und mit dem Weißwein aufgießen. Rindsuppe und Schlagobers zugießen, mit Salz und Pfeffer würzen, nochmals gut durchmischen und das Gemüse zugedeckt in etwa 30 Minuten weich dünsten lassen.
Kürbis durch ein Sieb passieren oder mit dem Mixstab pürieren. Alles wieder langsam erhitzen, mit Muskatnuss abschmecken und sämig einkochen lassen. Währenddessen die Kürbiskerne in wenig Fett oder in einer beschichteten Pfanne fettfrei langsam rösten (Achtung, die Kerne werden rasch dunkel!). Suppe in vorgewärmten Tellern anrichten, mit gerösteten Kürbiskernen bestreuen, etwas Kürbiskernöl darübergießen und mit einem Messer schwungvoll durchrühren, damit ein dekoratives Muster entsteht. Sofort servieren.

Klachelsuppe

Für 4–6 Portionen
1 kg Schweinshaxln, 1 Bund Wurzelwerk
(aus Karotte bzw. gelber Rübe, Lauch und Sellerie),
1 kleine Zwiebel, 6–8 Wacholderbeeren,
8 Pfefferkörner, 1 Lorbeerblatt, 1 Prise Majoran,
120 ml Sauerrahm, 1 EL glattes Mehl, 1 Schuss Essig,
Salz, frisch gemahlener Pfeffer

Die Schweinshaxln unter fließendem Wasser waschen und in einem Topf mit etwa 1 1/2 Liter kaltem Wasser zum Kochen bringen. Wurzelwerk und Zwiebel schälen bzw. putzen und mit Wacholderbeeren, Pfefferkörnern, Lorbeerblatt, Zwiebel sowie Majoran hinzufügen. Alles zum Kochen bringen und so lange garen, bis sich das Fleisch leicht vom Knochen lösen lässt; das dauert etwa 1 Stunde. Fleisch in mundgerechte Bissen schneiden und beiseite stellen. Suppe abseihen und wieder aufkochen lassen. Sauerrahm mit Mehl glatt rühren und mit dem Schneebesen in die Suppe einsprudeln. Suppe mollig einkochen lassen und mit Essig, Salz und frisch gemahlenem Pfeffer würzen. Haxlfleisch in die Suppe geben und darin erneut erwärmen.

In der Steiermark serviert man dazu Heidensterz (Rezept S. 33).

Haxlsulz mit Kernöl

1 1/2 kg Schweinshaxln,
1 kg Suppenknochen von Kalb und Rind,
500 g Wurzelwerk (aus Karotte bzw.
gelber Rübe, Lauch und Sellerie),
2 Zwiebeln, 1 EL Butter, 100 ml Weißwein,
Salz, etwas geriebene unbehandelte Zitronenschale,
1 EL fein gehackte Petersilie, 2 hart gekochte Eier,
2 rote Zwiebeln in Ringen,
1 EL Apfelessig, 2 EL Kürbiskernöl,
frisch gemahlener schwarzer Pfeffer

Haxln sowie Suppenknochen gut waschen. Das Wurzelwerk schälen bzw. putzen. Haxln und Wurzelwerk mit Wasser bedecken und so lange kochen, bis das Fleisch weich ist; das dauert ca. 1 1/2 Stunden. Absei-

hen (den Sud beiseite stellen) und Haxln unter kaltem Wasser abkühlen lassen. Das Fleisch auslösen und wie das Gemüse würfelig schneiden. Die Zwiebeln schälen und fein hacken.
In einem Topf die Butter erhitzen, Zwiebeln anschwitzen, mit Wein ablöschen und klein geschnittenes Wurzelwerk sowie Fleisch hinzufügen. Alles einkochen lassen, bis die Flüssigkeit fast vollständig verdampft ist. Mit Salz, Zitronenschale und Petersilie würzen. Beiseite gestellten Sud zugießen und aufkochen lassen. Eine passende Schüssel mit den gepellten und in Scheiben geschnittenen Eiern auslegen. Gesulzte Flüssigkeit in die Schüssel gießen und kalt stellen. Vor dem Servieren Schüssel kurz in heißes Wasser stellen und Sulz stürzen. In Scheiben schneiden, mit roten Zwiebelringen, Apfelessig und Kürbiskernöl garnieren und mit Salz und Pfeffer würzen.

Wenn Sie sichergehen wollen, dass die Sulz auch wirklich geliert, so fügen Sie der heißen Flüssigkeit noch 1–2 eingeweichte Gelatineblätter hinzu.

Gesulzter Wurzelkarpfen

500 g Karpfenfilet mit Haut,
Salz, Essig, 2 Zwiebeln, 1 Bund Wurzelwerk
(aus Karotte bzw. gelber Rübe, Lauch und Sellerie),
6–8 Pfefferkörner, 1 Lorbeerblatt, 12 Blatt Gelatine,
3 hart gekochte Eier, einige Blättchen
gekrauste Petersilie und Kerbelblätter

Ggf. am Vortag Karpfenfilets sorgfältig entgräten, entschuppen und kräftig mit Salz einreiben. Salzwasser mit einem kräftigen Schuss Essig vermengen und zum Kochen bringen. Karpfenfilets in eine Schüssel legen, kochendes Wasser darübergießen und abseits vom Herd mindestens 20 Minuten ziehen lassen. Inzwischen Zwiebeln schälen und grobwürfelig schneiden, Wurzelwerk schälen bzw. putzen und in feine Streifen schneiden. Die Gewürze in ein Leinen- oder Teesäckchen binden und alles in ausreichend viel Salzwasser etwa 30 Minuten kochen.
Den Karpfen aus dem Essigwasser heben, in den vorbereiteten Gewürzsud einlegen und etwa 15 Minuten knapp unter dem Siedepunkt ziehen lassen. Fertig gegarten Karpfen herausheben, eventuell nochmals entgräten und die Haut – je nach Vorliebe – entfernen oder daran belassen.
Sud abseihen und bei starker Hitze auf etwa 1/2 Liter einkochen lassen. Nun in Wasser eingeweichte und ausgedrückte Gelatine zugeben und auflösen. Sud leicht überkühlen lassen.

In eine passende Form oder Schüssel etwas überkühlten Sud eingießen und im Kühlschrank anstocken lassen. Eier schälen, in Scheiben schneiden und, sobald das Gelee anzieht, gemeinsam mit den Kräutern einlegen. Mit etwas Sud bedecken und abermals kühl anziehen lassen.
Dann Karpfenstücke und Wurzelwerk einlegen und mit dem restlichen Sud begießen. 12 Stunden bzw. über Nacht kalt stellen. Vor dem Stürzen die Form kurz in heißes Wasser stellen. Mit Petersilien- und Kerbelblättern garnieren und servieren.

Wurzelkarpfen wird auch gerne als warme Hauptmahlzeit serviert. Dafür muss der Karpfen wie beschrieben im Kräutersud gar ziehen und wird dann mit in Butter gedünstetem Wurzelwerk aufgetragen.

Salate & Beilagen

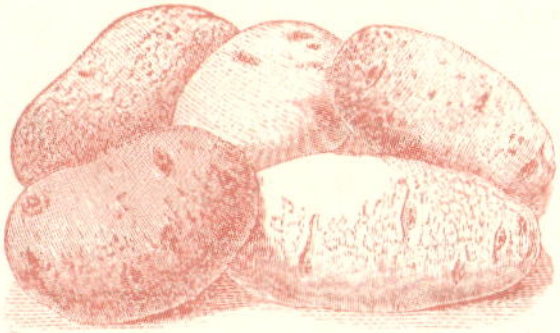

Erdäpfelsalat auf Wiener Art

750 g speckig fest kochende Erdäpfel,
1 kleine Zwiebel, 200 ml Rindsuppe, 2 EL Öl,
2 EL Apfelessig, Salz, frisch gemahlener Pfeffer,
1 Prise Zucker, 1 Msp. Senf,
1 EL geschnittener Schnittlauch

Erdäpfel kochen, heiß schälen, kurz ausdampfen lassen und feinblättrig schneiden. Zwiebel schälen und fein hacken. Aus warmer Suppe, Öl, Essig, Zwiebel, Salz und Pfeffer eine Marinade zubereiten und diese nach Geschmack mit etwas Zucker und Senf vermischen. Über die Erdäpfel gießen und den Erdäpfelsalat noch lauwarm mit Schnittlauch bestreut servieren.

- Einer Alt-Wiener Tradition zufolge wird der Erdäpfelsalat auch häufig mit Vogerl- oder Löwenzahnsalat vermischt.
- Wenn Sie die Erdäpfel direkt in die warme Marinade hineinschneiden, so kleben die einzelnen Scheiben nicht aneinander.

Erdäpfelsalat mit Mayonnaise

750 g Kipfler-Erdäpfel (fest kochende längliche Kartoffeln), Salz, frisch gemahlener Pfeffer, etwas Essigwasser, 200 g Mayonnaise (wenn möglich hausgemacht), 1 EL geschnittener Schnittlauch

Erdäpfel kochen, heiß schälen, in eine Schüssel geben, salzen und pfeffern. Mit etwas Essigwasser übergießen und auskühlen lassen. Dann die Hälfte der Mayonnaise mit den Erdäpfeln vermischen. Restliche Mayonnaise auf den Erdäpfelsalat streichen und die Schüssel kalt stellen. Vor dem Servieren nochmals durchmischen, abschmecken und mit Schnittlauch bestreuen.

Den Mayonnaisesalat mit fein gehackten Zwiebeln zuzubereiten ist zwar nicht klassisch, aber durchaus nicht unüblich.

Rindfleischsalat

Für den Salat:
500 g gekochtes Rindfleisch, 300 g gekochte Erdäpfel,
3 Essiggurkerl, 3 Paradeiser, 1 grüne Paprikaschote
Für die Marinade:
2 Zwiebeln, 2 Sardellenfilets, 1 KL Senf,
6 EL Pflanzenöl (oder Kürbiskernöl),
2 EL Apfelessig (oder Apfel-Balsamico-Essig),
Salz, frisch gemahlener Pfeffer,
1 EL fein gehackte gemischte Kräuter
Außerdem:
2 hart gekochte Eier

Rindfleisch zuputzen und Fett entfernen. Fleisch feinblättrig und Erdäpfel in Scheiben schneiden. Essiggurkerl grob würfelig hacken und alles in einer großen Schüssel vermischen.
Für die Marinade geschälte Zwiebeln und Sardellenfilets fein hacken und mit Senf, Öl, Essig, Salz, Pfeffer und Kräutern gut verrühren. Marinade über das Rindfleisch gießen und dieses mindestens 1–2 Stunden darin ziehen lassen; dabei wiederholt durchrühren. Vor dem Anrichten Paradeiser vom Stielansatz befreien und in Spalten schneiden. Paprikaschote putzen und in Streifen schneiden. Beides unter den Salat mischen. Hart gekochte Eier pellen, in Achtel schneiden und den Salat damit garnieren.

Eine ideale Resteverwertung, wenn von Tafelspitz & Co. einmal etwas übrig bleiben sollte.

Semmelknödel

200 ml Milch, 60 g flüssige Butter,
3 Eier, 2–3 EL Sauerrahm, Salz,
frisch gemahlener Pfeffer, 1 EL fein
gehackte Petersilie, 320 g altbackene Semmeln
oder Semmelwürfel, 4–5 EL glattes Mehl

In einer Schale Milch mit Butter, Eiern, Rahm, Salz, Pfeffer und Petersilie versprudeln. In einer Schüssel über die Semmel(-würfel) gießen und gut durchmischen. Etwa 15–20 Minuten ziehen lassen. Danach das Mehl unterheben. Mit befeuchteten Händen nicht zu kleine Knödel formen und diese in Salzwasser in 15–20 Minuten garen, bis sie aufsteigen. Herausheben, abtropfen lassen und auftragen.

- Semmelknödel werden immer dann serviert, wenn es feine Bratensafterl, kräftige Ragouts oder Saucen, etwa Schwammerlsauce, zu begleiten gilt.
- Manche alten Rezepte schreiben auch vor, die Semmelknödel mit gerösteten Zwiebeln zuzubereiten. Wenn man die Knödel nicht kocht, sondern dämpft, kann man auch mit weniger oder gar keinem Mehl auskommen. Dasselbe gilt auch für den Alt-Wiener Serviettenknödel, der zu einer länglichen Rolle geformt, in eine Serviette geschlagen, an beiden Enden zugebunden und 40–50 Minuten in sanft köchelndem Salzwasser gegart wird, bevor man ihn in fingerdicke Scheiben schneidet.

Waldviertler Knödel

1 kg mehlige Erdäpfel, 2 EL Weizengrieß,
2 EL Erdäpfelmehl, Salz

Die Hälfte der Erdäpfel in der Schale weich kochen und auskühlen lassen. Schälen und durch ein grobes Reibeisen drücken. Die andere Hälfte der Erdäpfel schälen und roh in kaltes Wasser hineinreiben. 1/2 Stunde stehen lassen und Erdäpfel anschließend in einem Geschirrtuch so gut ausdrücken, dass möglichst wenig Feuchtigkeit darin zurückbleibt (Seihwasser aufbewahren). Rohe und gekochte Erdäpfel vermischen. Das Erdäpfelseihwasser vorsichtig abgießen. Die Stärke, die sich am Topfboden abgesetzt hat, vom Boden lösen, mit Weizengrieß, Erdäpfelmehl sowie Salz vermischen und mit den Erdäpfeln zu einem geschmeidigen Teig verarbeiten.
Hände leicht befeuchten und aus dem Teig nicht zu kleine Knödel formen. Salzwasser zum Kochen bringen, Knödel einlegen und diese je nach Größe 15–20 Minuten schwach wallend kochen lassen. Herausheben, abtropfen lassen und auftragen.

Waldviertler Knödel gelten vor allem in Niederösterreich und Wien als klassische Beilage für einen knusprigen Schweins- oder Gänsebraten. Sie werden häufig auch mit Fleischresten, Speck oder Grammeln gefüllt und mit Sauerkraut als eigenständiges Gericht serviert.

Nockerl

500 g glattes Mehl, 3 Eier, 2 Eidotter,
1 Prise Salz, 150 ml Milch, ca. 100 ml Wasser,
geschmolzene Butter nach Belieben

In einer Schüssel das Mehl mit Eiern, Dottern, Salz und so viel gewässerter Milch vermengen, dass ein nicht zu fester Teig entsteht.
In einem großen Topf ausreichend viel Salzwasser zum Kochen bringen. Den Teig durch ein Nockerlsieb direkt in das kochende Wasser hobeln und 2–3 Minuten leicht wallend kochen, bis sie an der Oberfläche schwimmen. (Nockerl dabei in nicht allzu großen Portionen kochen, damit sie nicht übergehen.) Mit einem Schaumlöffel herausheben, kalt abschrecken und abtropfen lassen. Je nach Belieben in geschmolzener Butter schwenken oder anderweitig weiterverarbeiten.

Nockerl passen gut zu Ragouts, vor allem zu Kalbsgulasch, können aber auch, mit Käse überbacken oder mit Speck und Eiern vermengt, ein selbständiges Gericht abgeben. Dieses klassische Nockerlrezept ist in vielen Variationen in der altösterreichischen Küche weit verbreitet. In Ungarn heißen die Nockerln Galuska, und die Vorarlberger unterscheiden je nach Form zwischen (länglichen) Spätzle und (kürzeren) Knöpfle.

Dillfisolen

750 g Fisolen, 1 Msp. Speisesoda, 1 EL Butter,
1 EL glattes Mehl, 200 ml heiße Rindsuppe,
Salz, 200 ml Sauerrahm, frisch gemahlener Pfeffer,
1 Schuss Weißweinessig, 1 EL fein gehackte Dille

Die Fisolen putzen, von den Fäden befreien, in mundgerechte Stücke schneiden und in mit Speisesoda (es erhält die grüne Farbe) versetztem Salzwasser kernweich kochen. Die Fisolen abseihen und mit kaltem Wasser abschrecken.
In einem Topf die Butter schmelzen, das Mehl einrühren und kurz anrösten lassen. Mit heißer Rindsuppe aufgießen und mit einem Schneebesen glatt rühren. Nach einigen Minuten die Hitze stark reduzieren und zuerst den Sauerrahm, dann die Fisolen einrühren. Mit Salz, Pfeffer und Essig abschmecken. Dille darüberstreuen und das Gericht nach nochmaligem kurzem Aufkochen heiß servieren.

Dillfisolen gelten nicht nur als klassische Beilage für Tafelspitz, sondern werden auch gerne zu anderem gekochten Fleisch (Beinfleisch, gekochte Rindszunge etc.) gereicht.

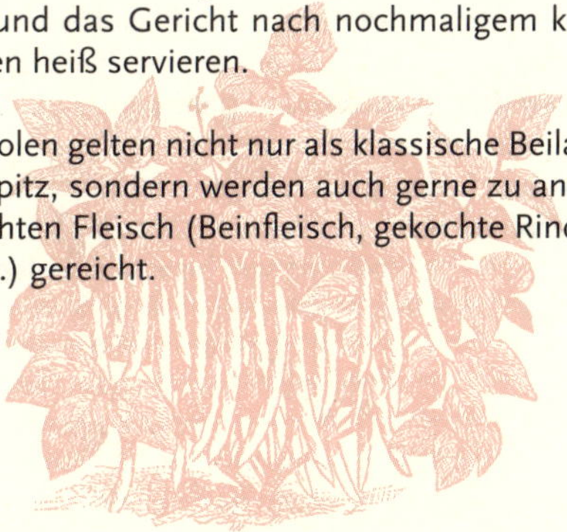

Kärtner Stranggerl (Bröselfisolen)

1 mittlere Zwiebel,
250 g durchzogener Speck,
500 g Stranggerl (Fisolen),
2 EL Schmalz oder Öl, 1/4 l heiße
Rindsuppe, 125 g altbackenes Weißbrot,
Salz, frisch gemahlener Pfeffer,
einige Butterflocken

Geschälte Zwiebel und Speck fein hacken. Fisolen putzen, allfällige Fäden entfernen. Zwiebel und Speck in einem Topf in heißem Öl oder Schmalz glasig, aber nicht zu braun werden lassen. Mit heißer Rindsuppe aufgießen und aufkochen lassen. Fisolen zugeben und darin in etwa 20 Minuten zugedeckt bissfest garen. Inzwischen das Brot entrinden und zu feinen Bröseln verreiben. Stranggerl mit Salz und Pfeffer würzen, mit Bröseln binden und alles gut vermischen. Einige Butterflocken darauf setzen und heiß servieren.

Kärntner Stranggerl sind eine beliebte Beilage für gebratenes oder geschmortes Lammfleisch, geben aber auch in Begleitung von heurigen Erdäpfeln eine vorzügliche Hauptspeise ab.

Oberösterreichisches Sauerkraut

500 g Sauerkraut,
1 Lorbeerblatt, 6 Wacholderbeeren,
6 Pfefferkörner, 100 g durchzogener
Speck im Ganzen mit Schwarte,
1–2 EL Butterschmalz,
ca. 1 EL griffiges Mehl zum Stauben,
150–200 ml heiße Rindsuppe, Salz,
frisch gemahlener Pfeffer

Sauerkraut in einem Topf mit kaltem Wasser aufsetzen. Gewürze in ein Leinen- oder Teesäckchen binden. Vom Speck die Schwarte abschneiden und diese gemeinsam mit den Gewürzen dem Kraut zugeben. Alles zum Kochen bringen und je nach gewünschter Bissfestigkeit 20–45 Minuten köcheln lassen. Wasser abgießen, Speckschwarte und Gewürze entfernen.

Speck in kleine Würfel schneiden, in einer Pfanne das Butterschmalz zerlassen und die Speckwürfel darin anrösten. Mit dem Mehl stauben, kurz anziehen lassen und mit heißer Rindsuppe aufgießen. Nach und nach das Sauerkraut einrühren und alles noch einige Minuten durchkochen lassen. Mit Salz und Pfeffer würzen.

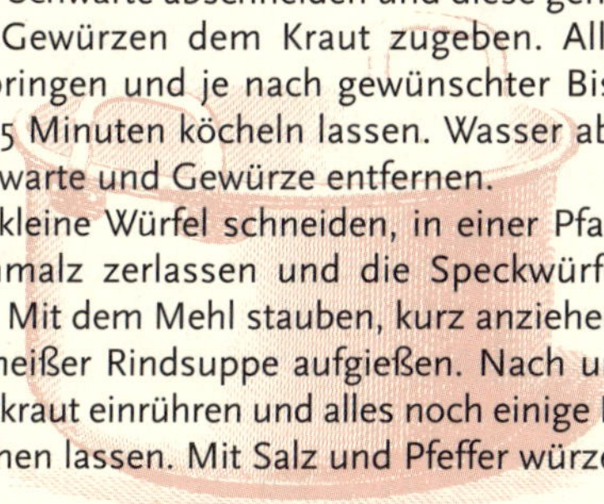

In Wien wird das Sauerkraut meist ohne Speck und Mehlbindung, dafür aber mit Zwiebeln, Zucker sowie Kümmel zubereitet. Und gerne wird es außerdem, mit Paradeisermark verfeinert, als Paradeiserkraut gereicht.

Wiener Kohlgemüse (Kelch)

1 Kohlkopf von ca. 1 kg, Salz,
100 g durchzogener Speck,
1 EL Butter, 1 EL glattes Mehl,
1/4 l heiße Rindsuppe,
1 Knoblauchzehe,
frisch gemahlener Pfeffer

Kohlkopf zuputzen, Außenblätter entfernen, Strunk herauslösen und den Rest – am besten mit einem Krauthobel – feinnudelig schneiden. In sprudelndem Salzwasser in 30–45 Minuten weich kochen, abseihen und überschüssige Flüssigkeit auspressen. Speck hauchfein hacken. In heißer Butter anrösten, mit Mehl stauben und durchrühren, bis eine lichte Einbrenn entsteht. Mit heißer Rindsuppe aufgießen und unter ständigem Rühren mit dem Schneebesen kochen lassen, bis sich die Flüssigkeit leicht bindet. Den Kohl hinzufügen, mit geschältem und zerdrücktem Knoblauch, Salz und Pfeffer würzen. Nochmals kurz aufkochen lassen und dann servieren.

In der feineren Küche wird das Kohlgemüse vor dem Servieren noch einmal mit Obers gebunden. Ein alter Hausfrauentrick besagt auch, dass das Mitkochen von alter Brotrinde oder Erdäpfeln den ausgeprägten Kohlgeruch abmildert. Besonders beliebt ist Kohlgemüse als Beilage für Siedefleisch oder Fleischlaibchen.

Apfelkren

2 EL frisch gerissener Kren,
etwas heiße Suppe, 1 EL Zucker,
Salz, 1 Spritzer Essig, 1 EL Öl,
2–3 säuerliche Äpfel,
Saft von 1 Zitrone

Frisch gerissenen Kren mit heißer Suppe abbrennen (übergießen), um ihm die vordergründige Schärfe zu nehmen. Zucker, Salz, Essig und Öl hinzufügen. Äpfel schälen, vierteln, vom Kerngehäuse befreien und fein reiben. Sofort mit Zitronensaft vermischen und mit dem Kren verrühren.

Apfelkren ist in der Wiener Siedefleisch-Küche ein unentbehrlicher Begleiter, passt aber auch sehr gut zu kaltem Geflügel oder aufgeschnittenem Beinschinken.

Zwischengerichte & kleinere Hauptspeisen

Innviertler Speckknödel

Für 4–6 Portionen
500 g mehlige Erdäpfel,
Salz, 1 Ei, ca. 300 g Mehl (am besten
halb griffig, halb glatt), Salz,
Mehl für die Arbeitsfläche,
300 g Speck

Erdäpfel schälen und in Salzwasser gar kochen. Abgießen, etwas ausdünsten lassen und noch heiß durch ein Reibeisen oder eine Kartoffelpresse drücken. Erdäpfelmasse mit Ei, Mehl und etwas Salz verkneten. Teig zu einer Rolle formen, in etwa 12 gleich große Stücke teilen und diese auf einer bemehlten Fläche so auswalken, dass gleichmäßige Teigkreise entstehen. Speck fein hacken und jeweils etwas davon auf ein Teigstück setzen. Zu kleinen Knödeln formen und diese gut festdrücken. In einem großen Topf ausreichend viel Salzwasser aufkochen und die Knödel darin leicht wallend kochen, bis sie an die Wasseroberfläche aufsteigen.

Dieser vor allem in Oberösterreich beliebte Knödel-Klassiker kann auch mit Grammeln oder einer mit Knoblauch, Petersilie, Salz, Pfeffer und Butter abgeschmeckten Fleisch- bzw. Wurstmasse gefüllt werden. Dazu serviert man traditionell Sauerkraut.

Eiernockerl

Für den Teig:
Salz, 300 g glattes Mehl, 2 Eier, 2 Eidotter,
2 EL zerlassene Butter, 1/8 l Milch
Für die Eiermasse:
3 EL Butterschmalz oder Butter, 8 Eier,
2 EL Sauerrahm, Salz, frisch gemahlener Pfeffer
Außerdem:
geschnittener Schnittlauch
zum Bestreuen

In einem großen, breiten Topf reichlich Salzwasser zum Kochen bringen. In einer Schüssel aus Mehl, Eiern, Dottern, zerlassener Butter, Milch und Salz rasch einen glatten, nicht zu festen Teig rühren und sofort durch ein Nockerlsieb oder grobes Reibeisen direkt in das wallende Wasser drücken. Umrühren, kurz aufkochen lassen, Nockerln wieder abseihen und mit kaltem Wasser abschrecken.

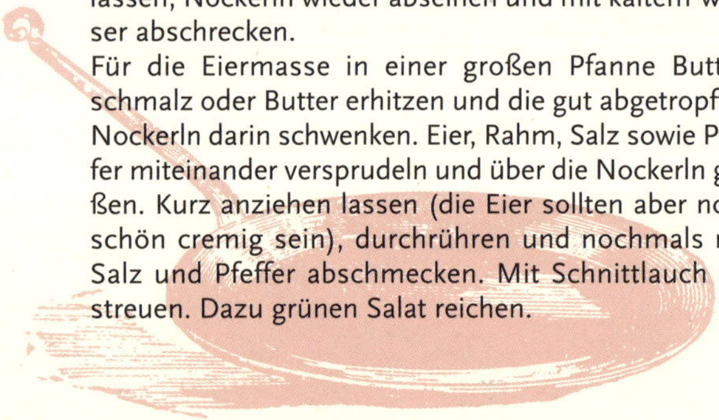

Für die Eiermasse in einer großen Pfanne Butterschmalz oder Butter erhitzen und die gut abgetropften Nockerln darin schwenken. Eier, Rahm, Salz sowie Pfeffer miteinander versprudeln und über die Nockerln gießen. Kurz anziehen lassen (die Eier sollten aber noch schön cremig sein), durchrühren und nochmals mit Salz und Pfeffer abschmecken. Mit Schnittlauch bestreuen. Dazu grünen Salat reichen.

Steirischer Heidensterz

1 EL Salz, ca. 330 g Buchweizenmehl,
3 EL heißes Schweineschmalz,
100 g Räucherspeck

1 Liter Salzwasser zum Kochen bringen. Buchweizenmehl schnell einrieseln lassen, aber dabei nicht umrühren. Mit dem Kochlöffelstiel ein Loch in die Mitte der Sterzmasse bohren und diese 20 Minuten lang auf kleiner Flamme köcheln lassen. Das Loch bei Bedarf nachbohren. Wasser nach Ende der Kochzeit langsam abgießen. Den Sterz mit einer Gabel lockern und mit dem heißen Schweineschmalz übergießen. Etwas rasten lassen und in der Zwischenzeit den Räucherspeck feinwürfelig schneiden und angrammeln. Den Sterz mit Speckgrammeln übergießen und nach Belieben mit grünem Salat servieren.

Der Heidensterz, auch Hadnsterz genannt, verdankt seinen Namen vermutlich den heidnischen Reiterhorden, die ihn von Osten her nach Österreich brachten. Meist findet Heidensterz als Beilage Verwendung. In vielen bäuerlichen Haushalten der Steiermark, aber auch Kärntens, wird er bereits zum Häferlkaffee beim Frühstück gereicht. Vor allem ist er jedoch ein unentbehrlicher Begleiter der Klachelsuppe (Rezept S. 13).

Krautfleckerl

1 Krautkopf, Salz, 1 große Zwiebel,
150 g Butter oder Butterschmalz, 1 EL Zucker,
frisch gemahlener Pfeffer, etwas heiße Rindsuppe
zum Aufgießen, 250 g Fleckerl

Den Krautkopf vom Strunk befreien, Blätter ablösen, Rippen ausschneiden und den Rest fein schneiden. Kraut in eine Schüssel geben, gut einsalzen und zugedeckt stehen lassen, bis es feucht wird. Überschüssiges Wasser ausdrücken. Inzwischen Zwiebel schälen und fein hacken.

Butter oder Schmalz in einer Kasserolle erhitzen, Zucker einstreuen und karamellisieren. Zwiebeln hinzufügen und vorsichtig anschwitzen. Kraut beigeben, salzen, pfeffern und zugedeckt in 35 Minuten weich dünsten. Bei Bedarf mit etwas Rindsuppe aufgießen. Inzwischen Salzwasser zum Kochen bringen, Fleckerl bissfest kochen, abseihen und mit kaltem Wasser abschrecken. Fleckerl abtropfen lassen, unter das Kraut mengen, kräftig durchmischen und noch kurz mitdünsten. Mit Salz und Pfeffer abschmecken und mit Bummerlsalat servieren.

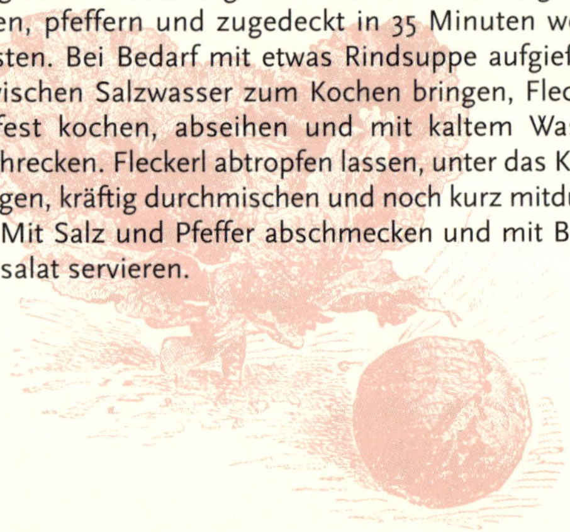

Überbackene Schinkenfleckerl

Für 4–6 Portionen
250 g Fleckerl, Salz, 5 EL Butter, 2 Eidotter,
6–7 EL Reibkäse (Gouda, Emmentaler etc.),
3 EL Sauerrahm, frisch gemahlener Pfeffer,
1 Msp. frisch geriebene Muskatnuss,
250 g Schinken oder gekochtes Geselchtes,
2 Eiklar, Butter und Semmelbrösel für die Form,
1–2 EL Semmelbrösel zum Bestreuen,
einige Butterflocken zum Belegen

Fleckerl in reichlich Salzwasser bissfest kochen, abseihen, mit kaltem Wasser abschrecken und gut abtropfen lassen. Butter schaumig rühren, mit Eidotter, der Hälfte des Reibkäses sowie Rahm vermengen und mit Salz, Pfeffer und Muskatnuss würzen. Schinken oder Geselchtes kleinwürfelig schneiden und mit den Fleckerln in die Buttermasse einmengen.
Backrohr auf 190 °C vorheizen. Eiklar mit etwas Salz steif schlagen und unter die Masse heben. Auflaufform mit Butter ausstreichen und mit Bröseln bestreuen. Fleckerlmischung in die Form füllen, mit restlichem Reibkäse und Bröseln bestreuen und Butterflocken darauflegen. Im vorgeheizten Backrohr in etwa 40–45 Minuten goldgelb backen. Gleichmäßige Stücke ausstechen und mit Blattsalat servieren.

Für eine vereinfachte Version die Fleckerl einfach mit dem Schinken vermischen und in ausreichend viel Butter oder Schmalz abschmalzen.

Kärntner Kasnudeln

Für 8 Portionen
Für den Teig:
250 g glattes Mehl, 1 Ei, 180 ml Wasser
oder Milch, 1 Prise Salz
Für die Fülle:
300 g weich gekochte Erdäpfel, 1 Zwiebel,
3–4 EL Butter, 4–5 EL gemischte Kräuter
(Minze, Kerbel, Petersilie, Schnittlauch),
700 g fettarmer, trockener Topfen
(am besten Bröseltopfen oder Hüttenkäse),
1 Eidotter, 1/8 l Sauerrahm, Salz
Außerdem:
Mehl für die Arbeitsfläche, Butter- oder
Grammelschmalz zum Übergrießen

Für den Teig auf einer bemehlten Arbeitsfläche Mehl, Ei, Wasser oder Milch und Salz verkneten. Den geschmeidigen Teig in Klarsichtfolie einschlagen und 1 Stunde lang kühl rasten lassen.

Inzwischen für die Fülle die gekochten, geschälten Erdäpfel durch ein Sieb passieren. Die Zwiebel schälen und fein hacken. Butter erhitzen, Kräuter und Zwiebel darin kurz anschwitzen und überkühlen lassen. Passierten Topfen mit Kräutern, Erdäpfeln, Zwiebel, Eidotter, Rahm und Salz gut vermengen. Kleine Kugeln daraus formen. Den Teig messerrückendick ausrollen, in quadratische Stücke von 8–10 Zentimetern Kantenlänge schneiden und je eine Topfenkugel daraufsetzen. Teig taschenartig so übereinander schlagen, dass um die Füllung herum ein gut 1 Zentimeter breiter Rand flach bleibt. Gut festdrücken und mit einem Teigrad zu einer gleichmäßigen Halbmondform ausradeln. Je nach Geschick den Rand dann mit Daumen und Zeigefinger möglichst dekorativ wellenförmig krendeln (s. Tipp unten).
Reichlich Salzwasser zum Kochen bringen, Nudeln einlegen und auf kleiner Flamme unter gelegentlichem Rühren etwa 10 Minuten ziehen lassen. Herausheben und mit zerlassenem Butter- oder Grammelschmalz übergießen. Mit Blatt- oder Paradeisersalat servieren.

- Neben der hier verwendeten klassischen Fülle wird diese deftigere Kärntner Verwandtschaft der italienischen Ravioli auch häufig mit Fleischfarce, Grammeln, Sauerkraut oder Dörrzwetschken gefüllt.
- In Kärnten ist es besonders wichtig, dass die Köchin einen dekorativen Rillenrand „krendeln" kann, was übrigens leichter fällt, wenn man beim Teig das Ei weglässt. „A Madl, wos net krendeln konn", sagt man jedenfalls zwischen Gail und Drau, „dös kriagt kan Monn".

Gefüllte Paprika in Paradeisersauce

Für die gefüllten Paprika:
4 große Paprikaschoten, Salz,
1 Zwiebel, 1 EL gehackte Petersilie,
1 EL Butterschmalz, 500 g gemischtes
Faschiertes (Rind, Schwein und Kalb),
150 g vorgekochter Reis, 1 Ei,
1–2 Knoblauchzehen, frisch gemahlener Pfeffer,
1 Msp. Majoran
Für die Paradeisersauce:
2 kleine Zwiebeln, 600 g Paradeiser,
2 EL Butter oder Öl, 2 EL glattes Mehl,
1/4 l heiße Rindsuppe,
Salz, frisch gemahlener Pfeffer,
1 Prise Zucker, 1 Schuss Essig
Außerdem:
Butter zum Beträufeln,
Butterschmalz zum Anrösten

Für die gefüllten Paprika einen Deckel von den Schoten abschneiden, vom Stiel befreien und beiseite legen. Schoten putzen und mit kochendem Salzwasser übergießen. Nach 5 Minuten Wasser wieder abgießen, Schoten mit kaltem Wasser abschrecken und mit der Öffnung nach unten auf einem Stück Küchenkrepp gut abtropfen lassen. Zwiebel schälen und hacken, gemeinsam mit der Petersilie in etwas Butterschmalz hell anrösten und wieder abkühlen lassen.
Backrohr auf 180 °C vorheizen. Faschiertes mit gekochtem Reis, Ei, gerösteter Zwiebel, Petersilie, geschältem

und zerdrücktem Knoblauch, Salz, Pfeffer, Majoran und etwas Wasser zu einer geschmeidigen Masse verkneten. Paprikaschoten damit füllen und mit passenden Deckeln verschließen. Gefüllte Paprika in eine Bratenpfanne setzen, mit reichlich flüssiger Butter beträufeln und im Backrohr 30 Minuten garen.

Inzwischen für die Paradeisersauce die Zwiebeln schälen und fein hacken. Die Paradeiser vom Stielansatz befreien und grob zerkleinern.

In einer Kasserolle Fett erhitzen und die Zwiebeln darin hell anrösten. Mit Mehl stauben, durchrühren und mit heißer Suppe aufgießen. Zerkleinerte Paradeiser hinzufügen, mit Salz, Pfeffer, Zucker und Essig würzen und 30 Minuten dünsten.

Die Bratpfanne mit den gefüllten Paprika aus dem Rohr nehmen, Paradeisersauce über die Schoten passieren und im Backrohr weitere 20 Minuten dünsten lassen. Dazu werden klassisch Salzerdäpfel gereicht.

Hauptspeisen

Hauptspeisen mit Fisch

Karpfen in Bierteig

4 große oder 8 kleinere Karpfenfilets
(insgesamt ca. 800 g), Salz,
Saft von 1/2 Zitrone, etwas Mehl zum Wälzen
Für den Bierteig:
2 Eier, 150 g glattes Mehl,
ca. 200 ml Bier, 2 EL geschmolzene Butter
oder Pflanzenöl, Salz
Außerdem:
Schmalz zum Backen,
Zitronenspalten für die Garnitur

Für den Bierteig die Eier trennen. Mehl mit Dottern, Bier, geschmolzener Butter oder Öl und 1 Prise Salz glatt rühren und etwa 30 Minuten rasten lassen.
Inzwischen Karpfenfilets waschen, trockentupfen, enthäuten, entgräten (bzw. schröpfen). Beidseitig gut salzen, mit Zitronensaft beträufeln und in Mehl wälzen. Eiklare steif schlagen und unter den Bierteig heben. In einer großen Pfanne reichlich Schmalz erhitzen. Karpfenfilets durch den Bierteig ziehen und im heißen Schmalz beidseitig goldbraun backen. Filets herausheben, auf Küchenkrepp gut abtropfen lassen und mit Zitronenspalten garniert auftragen. Dazu passen Petersilerdäpferl und Vogerlsalat.

Bachforelle Philippine Welser

4 küchenfertige Bachforellen,
Salz, etwas Milch und Mehl zum Wenden

Für die Mayonnaisesauce:

2 Eidotter, etwas Senf, 1 Schuss Zitronensaft,
Salz, frisch gemahlener Pfeffer, ca. 1/4 l Öl,
1 Prise Zucker, 1 Msp. Sardellenpaste,
1 KL Paradeisermark, etwas frisch gerissener Kren

Außerdem:

Pflanzenöl zum Backen,
Zitronenscheiben zum Garnieren

Für die Mayonnaisesauce Eidotter mit Senf, Zitronensaft, Salz und Pfeffer glatt rühren. Öl unter ständigem Rühren erst tropfenweise, dann in dünnem Strahl einfließen lassen, bis die Mayonnaise schön gebunden ist. Mit Sardellenpaste, Paradeisermark und geriebenem Kren geschmacklich abrunden.
Die Bachforellen außen und innen gründlich waschen und trockentupfen. Außen und innen gut salzen. Etwas Milch in einen Suppenteller und Mehl auf einen flachen Teller geben. Die Fische zuerst durch die Milch ziehen, danach in Mehl wenden.
Öl in einer Pfanne erhitzen und die Forellen darin auf beiden Seiten in insgesamt ca. 15 Minuten goldgelb backen. Herausheben, mit Küchenkrepp gut abtupfen oder das Fett abtropfen lassen, mit Zitronenscheiben anrichten und mit der vorbereiteten Sauce servieren. Dazu passen frische Blattsalate mit knusprigen Speckwürferln und heurige Erdäpfel.

Dieses Rezept ist nach der Augsburger Bürgerstochter Philippine Welser (1527–1580) benannt, die mit dem Habsburger Erzherzog Ferdinand II. zunächst in geheimer, später auch in offizieller Ehe verheiratet war. Sie verfasste Österreichs erstes Kochbuch, das heute in der österreichischen Nationalbibliothek aufbewahrt wird.

Waller mit Apfelkren überbacken

750 g Wallerfilets, Saft von 1 Zitrone,
Salz, 1 kleine Zwiebel, 2 EL Butter,
3 Äpfel, 30 g frisch gerissener Kren,
Butter für die Form, 1 Ei, 1/4 l Sauerrahm

Den Backrohr auf 180 °C vorheizen. Fischfilets waschen und trockentupfen. In daumendicke Streifen schneiden, mit der Hälfte des Zitronensafts marinieren und salzen. Zwiebel schälen, fein hacken und in Butter anschwitzen. Waller zugeben und rundum kurz anbraten. Äpfel schälen, vierteln, vom Kerngehäuse befreien und auf einem Reibeisen reiben. Mit dem restlichen Zitronensaft beträufeln und mit dem Kren vermengen. Die angebratenen Fischstücke nebeneinander in eine gebutterte Form legen und mit Apfelkren bestreichen. Im vorgeheizten Rohr zugedeckt ca. 20 Minuten garen. Deckel entfernen, Ei mit Rahm versprudeln, über die Fische gießen und nochmals 5–8 Minuten überbacken. Dazu passen z. B. Dillerdäpfel.

Hauptspeisen mit Fleisch

Wiener Schnitzel

4 Kalbsschnitzel (Keule oder Schale,
à ca. 180 g), Salz, 150 g Mehl (am besten
halb griffig, halb glatt),
1 Spritzer Zitronensaft, 2 Eier, 150 g Semmelbrösel,
Butterschmalz oder Öl zum Herausbacken,
1–2 EL Butter, 1 in Scheiben geschnittene
Zitrone zum Garnieren

Schnitzel mit einem Schnitzelklopfer auf beiden Seiten (am besten unter einer Klarsichtfolie) gut klopfen, mehrfach mit einer Küchennadel einstechen, damit die Panier später besser haften bleibt, und rundum salzen. In 3 nicht zu flachen Tellern die Panier vorbereiten: gesiebtes Mehl, mit Zitronensaft versprudelte Eier und Semmelbrösel in je 1 Teller geben. Schnitzel beidseitig in Mehl wenden, dann durch die Eier ziehen und kurz abtropfen lassen. Zuletzt in Bröseln wälzen und die Panier dabei mit dem Gabelrücken zart andrücken, damit sie später schöne, soufflierende Blasen wirft.

In einer Pfanne ausreichend viel Schmalz erhitzen, Schnitzel einlegen und auf jeder Seite je nach Stärke 2–3 Minuten goldgelb backen. Währenddessen die Pfanne wiederholt schwingen, damit die Schnitzel rundum von heißem Fett umspült werden. Etwa 1 Minute vor Ende des Backvorgangs etwas Butter hinzufügen, um den Schnitzeln ein noch feineres „nussiges" Aroma zu verleihen.
Schnitzel mit einem Bratenwender aus der Pfanne heben und auf Küchenkrepp gut abtropfen lassen. Mit Petersilerdäpfeln und Zitronenscheiben (der Saft wird zart über die Schnitzel geträufelt) servieren.

- Das echte Wiener Schnitzel darf nur aus Kalbfleisch zubereitet werden (andernfalls muss man es als Schweinsschnitzel bezeichnen), sollte keineswegs aus der Fritteuse kommen und bevorzugt in Butterschmalz herausgebacken werden.
- Eine beliebte Variante ist das mit Schinken und Emmentaler gefüllte und im Übrigen wie ein Wiener Schnitzel weiterbehandelte Cordon Bleu.
- Das Ursprungsgebiet des Wiener Schnitzels liegt südlich von Wien. Feldmarschall Radetzky lernte dieses Gericht in Mailand (wo es allerdings mit Kalbskoteletts, Olivenöl und ohne Mehl zubereitet wurde) kennen und hat es – laut historischer Belege – in die Wiener Hofküche eingeführt. Bröselgebackenes Fleisch gab es jedoch, vor allem in der osteuropäischen Küche, schon lange vorher.

Butterschnitzerl

2 altbackene Semmeln, etwas Milch zum Einweichen, 600–700 g faschierte Kalbsschulter, Semmelbrösel nach Belieben, 2 Eier, Salz, frisch gemahlener Pfeffer, 4 EL Butterschmalz, ca. 200 ml heiße Rindsuppe, einige Butterflöckchen, bei Bedarf 1 KL Mehl und 2 EL Sauerrahm zum Binden

Semmeln in Milch einweichen, gut ausdrücken und mit Faschiertem und Eiern zu einem lockeren und luftigen Teig verarbeiten. Salzen, pfeffern und mit nassen Händen nicht zu große Laibchen daraus formen. Nach Belieben in Semmelbröseln wälzen.
Backrohr auf 180 °C vorheizen. In einer großen Pfanne Schmalz erhitzen und die Laibchen darin beidseitig goldbraun anbraten. Herausnehmen und nebeneinander in eine feuerfeste Form legen. Bratrückstand mit Rindsuppe aufgießen, bei großer Hitze auf zwei Drittel einkochen und den so entstandenen Saft über die Laibchen gießen. Einige Butterflöckchen darüber verteilen und im vorgeheizten Backrohr etwa 20 Minuten weitergaren. Herausheben, Sauce nach Bedarf mit Mehl stauben und mit Sauerrahm binden. Butterschnitzerl auf vorgewärmten Tellern anrichten, mit der gut eingekochten Sauce überziehen und mit Erdäpfelpüree servieren.

Noch feiner werden die Butterschnitzerl, wenn man das Fleisch nicht durch den Fleischwolf dreht, sondern mit einem scharfen Messer fein hackt.

Tiroler Leber

600–700 g Kalbsleber, Salz, frisch gemahlener Pfeffer, Mehl zum Wenden und Stauben, 1 Zwiebel, 2–3 EL Butterschmalz oder Öl, 3 EL Butter, ca. 150 ml Rindsuppe, 1–2 KL Kapern, abgeriebene Schale von 1 unbehandelten Zitrone und etwas Zitronensaft, 3–4 EL Rahm, eventuell gebratene Speckstreifen zum Garnieren

Die Kalbsleber gut enthäuten, allfällige Stränge entfernen und in Streifen schneiden. Beidseitig mit Salz und Pfeffer würzen und auf einer Seite mit Mehl stauben. Die Zwiebel schälen und fein hacken.
In einer Pfanne das Schmalz erhitzen, die Leber bei großer Hitze zunächst auf der bemehlten Seite, dann rundum rasch anbraten, aus der Pfanne heben und warm stellen. Überschüssiges Fett abgießen und frische Butter kurz aufschäumen lassen. Die Zwiebel darin hell anschwitzen, mit etwa 1 Esslöffel Mehl stauben und mit Rindsuppe ablöschen.
Inzwischen die Kapern fein hacken und gemeinsam mit der abgeriebenen Zitronenschale in die Sauce einrühren, kurz durchrühren und anschließend den versprudelten Rahm zugeben. Einige Minuten kräftig durchkochen lassen und die Sauce mit Zitronensaft abschmecken. Leberstreifen wieder einlegen und noch kurz ziehen, aber nicht mehr kochen lassen. Nach Wunsch mit gebratenen Speckstreifen garnieren und mit gerösteten Erdäpfeln oder Risipisi (Erbsenreis) sowie Blattsalaten servieren.

Wiener Salonbeuschel

Ca. 600 g Kalbsbeuschel (Lunge),
1 Bund Wurzelwerk (aus Karotte bzw. gelber Rübe, Lauch und Sellerie), 2 kleine Zwiebeln,
1 Kalbsherz, 6 Pfefferkörner, 3 Pimentkörner,
1 Lorbeerblatt, 1 Zweiglein Kuttelkraut,
Salz, 40 g Butterschmalz, 30 g glattes Mehl,
1 KL Kapern, 1 fein gehackte Sardelle,
1 geschälte Knoblauchzehe,
etwas abgeriebene unbehandelte Zitronenschale,
1 EL fein gehackte Petersilie,
frisch gemahlener Pfeffer, 1 Prise Zucker,
1 Schuss Essig, 1 Msp. geriebener Majoran,
1 Msp. Senf, 2 EL Sauerrahm,
2 EL Schlagobers, 1 Schuss Zitronensaft,
4 EL Gulaschsaft zum Garnieren nach Belieben

Kalbslunge von Luft- und Speiseröhre befreien, gut wässern und dabei mehrmals mit einem scharfen, spitzen Messer von allen Seiten anstechen, damit das Kochwasser später auch ins Innere der Lunge eindringen kann. Das Wurzelwerk schälen bzw. putzen und klein schneiden. 1 Zwiebel ungeschält halbieren und auf der Schnittfläche in einer Pfanne ohne Fett dunkelbraun rösten. Die andere Zwiebel schälen und fein würfeln. Lunge und zugeputztes Herz in kaltem Wasser aufstellen, zum Kochen bringen und mit Wurzelwerk, angerösteter Zwiebel, Gewürzen, Kuttelkraut und Salz weich garen. Lunge nach etwa 1 Stunde herausnehmen und in kaltem Wasser abkühlen. Herz im Sud noch mindes-

tens weitere 30 Minuten kochen, danach sollte es weich sein. Herausheben und Sud beiseite stellen. Lunge und Herz in sehr feine Streifen schneiden.
Butterschmalz erhitzen, darin Mehl lichtbraun anrösten und mit den fein gehackten Kapern, Zwiebelwürfeln, Sardelle, gepresstem Knoblauch, Zitronenschale und Petersilie aromatisieren. Einige Minuten auf kleiner Flamme weiter ziehen lassen. Mit abgeseihtem Beuschelsud aufgießen, mit der Schneerute gut durchrühren und 15–20 Minuten sämig einkochen lassen. Geschnittenes Beuschel und Herz zugeben, mit Salz, Pfeffer, Zucker, Essig, Majoran und Senf würzen. Sobald das Beuschel sämig wird, Rahm und Schlagobers unterrühren. Weitere 5–10 Minuten köcheln lassen. Mit Zitronensaft abschmecken und nach Belieben mit etwas heißem Gulaschsaft beträufelt anrichten. Dazu passen Semmelknödel oder frische, knusprige Semmeln.

In der neueren Küche wird dieses klassische Wiener Gericht auch gerne zeitgemäß abgewandelt. Statt mit Mehl wird die Bindung mitunter durch püriertes Gemüse oder Crème fraîche erzielt. Häufig werden auch knackig gekochte Streifen vom Wurzelwerk dazu serviert.

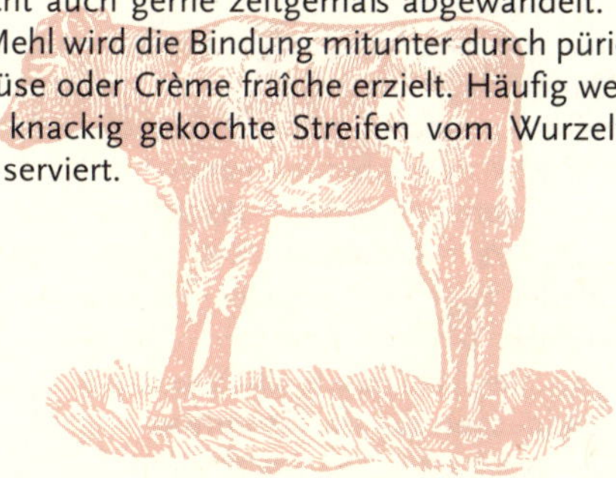

Tafelspitz mit klassischen Beilagen

Für den Tafelspitz:
500 g Rindsknochen, 1 kg Tafelspitz,
Salz, 1 Zwiebel, 1 Bund Wurzelwerk
(aus Karotte bzw. gelber Rübe, Lauch
und Sellerie), evtl. 2 Paradeiser, 2 geschälte,
angedrückte Knoblauchzehen, 1 Lorbeerblatt,
6 Pfefferkörner, 2 EL geschnittener Schnittlauch,
grobes Salz, 4 Scheiben getoastetes Schwarzbrot,
je nach Wunsch 4 gekochte Markscheiben
(aus den Markknochen)

Für die Schnittlauchsauce:
1 Knoblauchzehe, 1/2 entrindeter weißer Wecken,
Milch zum Einweichen, 4 kernweich gekochte
Eidotter, 1/4 l Öl, 1 Schuss Weißwein- oder
Apfelessig, Salz, frisch gemahlener weißer Pfeffer,
1 Prise Zucker, 3 EL Sauerrahm,
4 EL geschnittener Schnittlauch

Knochen gut waschen und gemeinsam mit dem Tafelspitz in reichlich siedendes Salzwasser einlegen. Zwiebel halbieren und in einer Pfanne ohne Fett an der Schnittfläche ziemlich dunkel anrösten. Nach 45 Minuten die angebratene Zwiebel, das geputzte bzw. geschälte Wurzelwerk, evtl. Paradeiser, Knoblauch, Lorbeerblatt und Pfeffer zugeben und alles bei nicht allzu großer Hitze noch 1–1 1/2 Stunden weiterkochen lassen, danach sollte das Fleisch weich sein.
Währenddessen für die Schnittlauchsauce zunächst eine Schüssel mit angedrücktem Knoblauch ausreiben.

Wecken in Milch weichen, gut ausdrücken und mit den Dottern durch ein Sieb in die Schüssel passieren. Langsam Öl einfließen lassen und dabei rühren, bis die Masse sämig wird. Mit Essig, Salz, Pfeffer und Zucker abschmecken. Rahm darunterrühren. Schnittlauch in die Sauce einmengen.
Weich gekochtes Fleisch aus dem Topf heben, quer zur Faser in Scheiben schneiden und warm stellen. Vor dem Servieren mit Schnittlauch und etwas grobem Salz bestreuen. Schwarzbrot toasten, mit gegarten Markscheiben belegen und gemeinsam mit dem Tafelspitz servieren. Dazu reicht man außer der Schnittlauchsauce noch Dillfisolen (Rezept. S. 25) und/oder Wiener Kohlgemüse (Kelch, Rezept. S. 28), Apfelkren (Rezept. S. 29) und Rösterdäpfel.

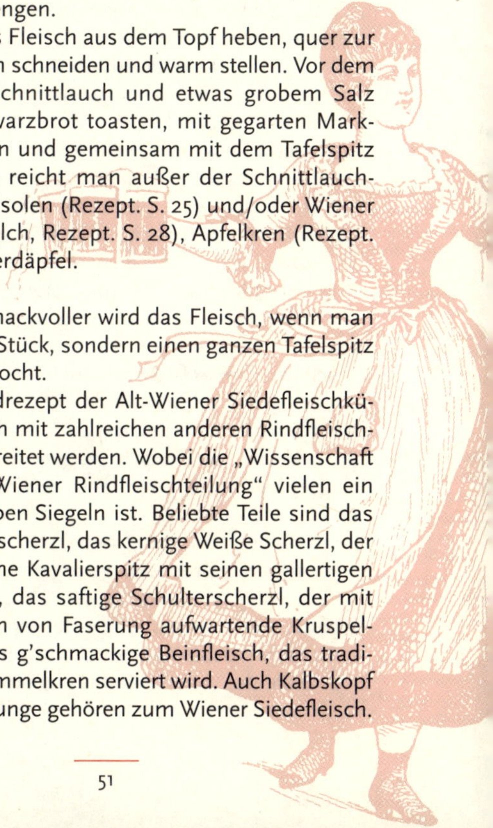

- Noch geschmackvoller wird das Fleisch, wenn man nicht nur ein Stück, sondern einen ganzen Tafelspitz (ca. 2–3 kg) kocht.
- Dieses Grundrezept der Alt-Wiener Siedefleischküche kann auch mit zahlreichen anderen Rindfleischstücken zubereitet werden. Wobei die „Wissenschaft von der Alt-Wiener Rindfleischteilung“ vielen ein Buch mit sieben Siegeln ist. Beliebte Teile sind das mürbe Hieferscherzl, das kernige Weiße Scherzl, der durchwachsene Kavalierspitz mit seinen gallertigen Einschlüssen, das saftige Schulterscherzl, der mit dreierlei Arten von Faserung aufwartende Kruspelspitz oder das g’schmackige Beinfleisch, das traditionell mit Semmelkren serviert wird. Auch Kalbskopf und Ochsenzunge gehören zum Wiener Siedefleisch.

Zwiebelrostbraten

4 Scheiben Rostbraten oder Beiried (à ca. 200 g, möglichst mürbe und abgelegen), Salz, frisch gemahlener Pfeffer, Mehl zum Wenden, 2 EL Butterschmalz, 250 g Zwiebeln, reichlich Öl zum Herausbacken, etwas Rindsuppe zum Aufgießen, 2–3 kalte Butterstückchen

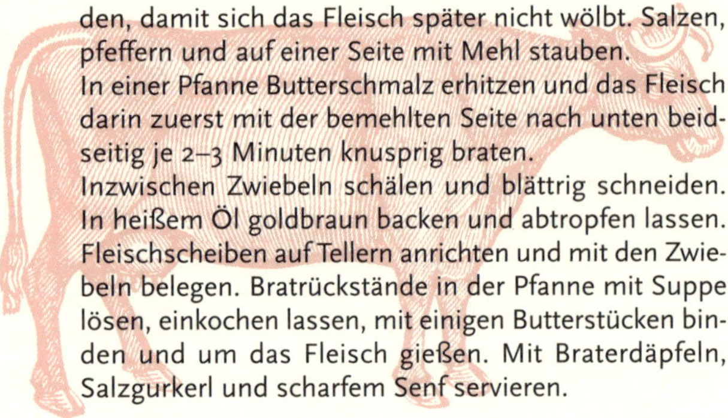

Fleischscheiben zart klopfen oder mit den Fingern sanft massieren und an den Rändern mehrmals einschneiden, damit sich das Fleisch später nicht wölbt. Salzen, pfeffern und auf einer Seite mit Mehl stauben.
In einer Pfanne Butterschmalz erhitzen und das Fleisch darin zuerst mit der bemehlten Seite nach unten beidseitig je 2–3 Minuten knusprig braten.
Inzwischen Zwiebeln schälen und blättrig schneiden. In heißem Öl goldbraun backen und abtropfen lassen. Fleischscheiben auf Tellern anrichten und mit den Zwiebeln belegen. Bratrückstände in der Pfanne mit Suppe lösen, einkochen lassen, mit einigen Butterstücken binden und um das Fleisch gießen. Mit Braterdäpfeln, Salzgurkerl und scharfem Senf servieren.

Verwendet man statt Zwiebeln Knoblauch (allerdings in einer entsprechend geringeren Menge), so wird daraus ein „Vanillirostbraten". Mit dem gleichnamigen Gewürz verbindet den Namen allerdings nur die Tatsache, dass Knoblauch im alten Wien als die „Vanille des armen Mannes" galt.

Rindsrouladen

4 Scheiben Rostbraten
oder Rindsschnitzel (à 200 g),
Salz, frisch gemahlener Pfeffer, 1 KL Senf,
1 KL Sardellenpaste, 100 g durchzogener Speck,
1 große weiße Zwiebel, 1 EL fein gehacktes
Gewürzgurkerl, 1 KL fein gehackte Kapern,
2 EL Semmelbrösel, 1 EL fein gehackte Petersilie,
2 EL Pflanzenöl, Rindsuppe zum Aufgießen,
2 EL Sauerrahm, 1 KL glattes Mehl

Rostbratenscheiben oder Schnitzel dünn ausklopfen, salzen, pfeffern und flach auflegen. Mit Senf und Sardellenpaste bestreichen. Speck fein hacken. Zwiebel schälen und ebenfalls fein hacken.
Speck in einer Pfanne auslassen und Zwiebel, Gurkerl, Kapern, Semmelbrösel sowie Petersilie darin auf kleiner Flamme glasig ziehen lassen. Diese Fülle gleichmäßig auf den Fleischscheiben verteilen und diese zu Rouladen einrollen. Mit einem Küchengarn umwickeln.
In einer Kasserolle Öl erhitzen, Rouladen darin rundum anbraten, etwas Suppe angießen, Deckel aufsetzen und das Fleisch auf kleiner Flamme langsam in ca. 1 1/2 Stunden weich dünsten. Bei Bedarf noch etwas Suppe nachgießen. Fertige Rouladen herausheben, warm stellen. Sauerrahm mit Mehl versprudeln und die Sauce damit etwas binden. Die Rouladen schräg durchschneiden, mit Sauce umgießen und nach Belieben mit Reis oder Spiralennudeln servieren.

Gulasch (Wiener Saftgulasch)

800 g durchzogenes (!) Rindfleisch
(vorzugsweise Wadschunken oder Schulter),
400 g Zwiebeln, 4 EL Butterschmalz,
3 EL edelsüßes Paprikapulver,
1–2 Knoblauchzehen, Salz

Rindfleisch von allzu großen Sehnen und Fettstreifen befreien und grobwürfelig schneiden. Zwiebeln schälen und in Ringe schneiden.
In einem großen Topf Butterschmalz erhitzen und Zwiebeln unter ständigem Rühren bei nicht zu großer Hitze mindestens 20–30 Minuten goldgelb rösten. Topf kurz vom Feuer nehmen, Paprikapulver (das bei zu großer Hitze bitter wird) einrühren und sofort mit wenig Wasser ablöschen. Topf auf den Herd zurückstellen und das Fleisch untermengen. Geschälten Knoblauch hineinpressen, salzen und alles bei nicht ganz geschlossenem Deckel je nach Fleischqualität in 1 1/2–2 Stunden weich dünsten. Dabei wiederholt nur so viel Wasser nachgießen, dass das Fleisch gerade bedeckt ist, aber nicht „schwimmt“ (nur so ergibt sich der typische „Gulasch-Spiegel“ an der Oberfläche). Abschließend nochmals abschmecken und mit Salzerdäpfeln oder knusprigem Gebäck servieren.

Dieses Altwiener Saftgulasch ist die Basis unzähliger Gulasch-Varianten, die von der Gulaschsuppe (flüssiger, schärfer und mit Erdäpfelwürfeln) und Erdäpfelgulasch (statt Fleisch etwas Speck, sonst

Erdäpfelwürfel) über Fiakergulasch (mit Würsteln, Spiegelei und Essiggurkerln) bis zum Salongulasch (mit Rindslungenbraten und Erdäpfeln) oder Kalbsgulasch (mit weich gedünstetem Kalbfleisch, einer leichten Mehl-Rahm-Bindung und Nockerln) reichen.

Krenfleisch (Steirisches Wurzelfleisch)

1/8 l Essig, 2 Lorbeerblätter, 4 Pfefferkörner,
Salz, 800 g Schweineschulter, 4 Karotten,
2 gelbe Rüben, 1/2 Sellerieknolle, 1 Petersilwurzel,
1/2 Stange Lauch, 1 mittlere Zwiebel,
150 g frisch gerissener Kren

In einem Topf kaltes Wasser mit Essig, Gewürzen und Salz aufstellen. Fleisch einlegen und 40–45 Minuten kochen. Inzwischen Karotten, Rüben, Sellerie und Petersilwurzel schälen bzw. putzen und feinstiftelig schneiden. Zwiebel schälen, Lauch putzen und beides in Scheiben schneiden. Nach Ende der Garzeit Zwiebel, Lauch und Wurzelwerk in den Topf geben und weitere 20 Minuten kochen lassen. Das weich gegarte Fleisch herausheben und quer zur Faser in Stücke schneiden. Auf vorgewärmten Tellern anrichten, mit etwas Sud übergießen, mit Wurzelwerk belegen und mit gerissenem Kren bestreuen. Mit Salzerdäpfeln servieren.

Häufig wird der Krenfleischsud auch mit trockenem Weißwein verfeinert.

Schweinsbraten

1 kg Schweinefleisch mit Schwarte
(Jungschweinernes, Schopfbraten, Karree etc.),
Salz, 3–4 geschälte und zerdrückte Knoblauchzehen,
Kümmel zum Bestreuen, einige Schweinsknochen,
1/2 EL glattes Mehl, Rindsuppe oder Wasser
zum Aufgießen

In eine Bratenpfanne etwa 2 Zentimeter hoch Wasser eingießen und zum Kochen bringen. Den Schweinsbraten mit der Schwarte nach unten einlegen, aufkochen, die Hitze reduzieren und etwa 10–15 Minuten ziehen lassen.
Backrohr auf 220 °C vorheizen. Braten herausnehmen und Schwarte mit einem scharfen Messer in kurzen Abständen der Länge und der Breite nach fest einschneiden (schröpfen). Dabei darf das Fleisch aber nicht eingeschnitten werden, da es sonst beim Braten austrocknet. Rundum gut mit Salz und Knoblauch einreiben, mit Kümmel bestreuen. Gewaschene Knochen in eine Bratenpfanne geben, Schweinsbraten mit der Schwarte nach oben hineinlegen und im vorgeheizten Backrohr zunächst 10–15 Minuten bei 220 °C, dann bei 180–170 °C insgesamt 1 1/2–2 Stunden braten. Währenddessen den Braten wiederholt mit dem eigenen Saft begießen. Dafür ab und an Suppe oder Wasser unter-, aber nicht direkt über den Braten gießen. Etwa 40–50 Minuten vor Ende der Garzeit die Schwarte kräftig mit Salz bestreuen und nun nicht mehr begießen. Sobald der Braten durchgebraten ist, d.h. wenn beim

Anstechen klarer Saft austritt, herausheben und noch etwas warm rasten lassen.
Inzwischen überschüssigen Bratrückstand abgießen, Knochen mit etwas Mehl stauben, bei starker Hitze rasch anrösten und mit etwas Wasser aufgießen. Saft so lange einkochen, bis er die gewünschte Konsistenz erreicht hat, danach abseihen. Den Braten in Scheiben tranchieren und den Saft dazu extra in einem Saucenkännchen servieren. Dazu passen Semmelknödel (Rezept S. 22) und Sauerkraut (Rezept S. 27).

Für einen echten „Bauernschmaus" werden zu dem Schweinsbraten außer Kraut und Knödeln noch ein Stück gekochtes Geselchtes und Frankfurter Würstel serviert.

Steirisches Backhuhn

2 kleine küchenfertige Hühner
von je 800–1000 g (mit Leber),
Salz, etwas glattes Mehl, 2–3 Eier,
Semmelbrösel zum Panieren,
Pflanzenöl und 50 g Butterschmalz
zum Herausbacken,
krause Petersilie und 1 Zitrone
in Scheiben für die Garnitur

Hühner in Biegeln (Haxerl) und Brüste (mit Flügeln) vierteln, waschen, trockentupfen und rundum kräftig salzen. Auf je einem großen Teller Mehl, versprudelte Eier und Semmelbrösel bereitstellen. Nun sämtliche Hühnerstücke inklusive Hals und Innereien hintereinander in Mehl wenden, durch die versprudelten Eier ziehen und in Bröseln wälzen. Die Panier dabei mit einem Gabelrücken rundum zart andrücken.

In einer großen Pfanne ausreichend viel Öl und Schmalz erhitzen. Die Hühnerteile erst einlegen, wenn das Fett wirklich heiß ist, und rundum ca. 15–20 Minuten goldbraun und knusprig braten. Die Hitze dabei so regulieren, dass die Hühner weder zu dunkel werden noch die Panier erschlafft. Das Backhuhn ist durch, sobald man die Keulenstücke am Gelenk anstechen kann, ohne dass roter Saft austritt. Hühnerleber erst 4–5 Minuten vor Ende der Backzeit hinzufügen, da sie sonst trocken wird. Backhühner aus dem Fett heben, auf Küchenkrepp gründlich abtropfen lassen und auf Tellern anrichten. Mit lauwarmem Erdäpfelsalat (Rezept S. 19), im verbliebenen Backfett frittierter krauser Petersilie sowie Zitronenscheiben garniert servieren.

Im Gegensatz zum Steirischen Backhuhn werden beim Wiener Backhendl Hals, Rückgrat und Innereien nicht mitgebacken, sondern für Hühnersuppe verwendet. In gehobenen Lokalen löst man das Backhuhn mitunter auch zuerst aus, entfernt die Haut und paniert es erst dann. In der modernen Gastronomie bürgert sich mittlerweile leider immer mehr die Sitte ein, panierte Hühnerbrüste als Backhuhn zu titulieren.

Süße Gerichte

Salzburger Nockerl

1/8 l Milch, 1 EL Butter, 1 Pkt. Vanillezucker,
6 Eiklar, 1 Prise Salz, 3 EL Kristallzucker, 3 Eidotter,
etwas abgeriebene unbehandelte Zitronenschale,
2 EL glattes Mehl, zimmerwarme Butter
für die Form, Staubzucker zum Bestreuen

In einer kleinen Kasserolle Milch mit Butter und der Hälfte des Vanillezuckers langsam auf kleinster Hitze erwärmen. Inzwischen Eiklar mit Salz zu Schnee schlagen, Zucker einrieseln lassen und fest ausschlagen. Dotter mit Zitronenschale und restlichem Vanillezucker verrühren und abwechselnd mit dem gesiebten Mehl vorsichtig unter die Schneemasse mengen.
Backrohr auf 200 °C vorheizen. Eine passende ovale, flache Form großzügig mit Butter ausstreichen, mit der erwärmten Milch-Butter-Zucker-Mischung den Boden gerade eben bedecken und nun die Masse vorsichtig mit einer Teigkarte in Form von großen, pyramidenförmigen Nocken hineinsetzen. Nockerl im vorgeheizten Backrohr etwa 8–10 Minuten goldgelb backen (die Spitzen sollten gerade leicht angebräunt sein). Herausnehmen, gut mit Staubzucker bestreuen und die Nockerl in der Form sofort servieren, da sie sonst rasch zusammenfallen.

Der Legende nach wurde das Originalrezept von Salome Alt (1568–1633), der Lebensgefährtin des in dieser Hinsicht schon recht modernen Fürsterzbischofs W. D. von Raitenau (1559–1617), erfunden.

Apfelstrudel

Für den Strudelteig:
200 g griffiges Mehl, 2 EL Öl,
(ersatzweise Fertigstrudelteig)
Für die Fülle:
1 1/2 kg Äpfel, 1 Schuss Zitronensaft,
2–3 EL Rum, 2–3 EL Rosinen, 1 Prise Zimt,
1 Pkt. Vanillezucker, 120 g Kristallzucker,
80 g Butter, 120 g Semmelbrösel
Außerdem:
Öl zum Bestreichen, Mehl zum Stauben,
ca. 100 g flüssige Butter zum Bestreichen,
Staubzucker zum Bestreuen

Für den Strudelteig das Mehl auf die Arbeitsfläche häufen und einen Krater bilden. Öl und 120 Milliliter Wasser mit der Gabel einrühren und die Zutaten zu einem weichen Teig verkneten. Gut abarbeiten, bis sich der Teig von der Arbeitsfläche löst und glatt und seidig ist. Zur Kugel formen und in eine mit Öl ausgestrichene Schüssel legen, mit Öl bestreichen und zugedeckt mindestens 1/2 Stunde rasten lassen.
Den Teig auf einem mit Mehl bestaubten Tischtuch rechteckig ausrollen. Mit Öl bestreichen. Mit beiden Händen bis zur Mitte unter den Teig fahren und ihn über beide Handrücken sanft und gleichmäßig bis auf eine Größe von 70 x 70 Zentimetern ausziehen. Evtl. entstehende Löcher schließen. Der Teig soll so dünn sein, dass das Muster des Tischtuchs deutlich durchscheint. Rundum die dicken Ränder abschneiden.

Für die Fülle Äpfel schälen, vierteln, vom Kerngehäuse befreien und in dünne Scheiben schneiden. Sofort mit Zitronensaft, Rum, Rosinen, Zimt, Vanille- und Kristallzucker vermengen. In einer Pfanne Butter schmelzen und die Brösel darin goldgelb rösten. Kurz überkühlen lassen und unter die Äpfel mischen.
Den Strudelteig kräftig mit flüssiger Butter einstreichen. Apfelfülle auftragen und den Teig mit Hilfe des Tuches über die Fülle heben und zu einem Strudel einrollen. Die Enden gut einschlagen und schließen.
Backrohr auf 180 °C vorheizen. Eine geeignete Form mit Backpapier auslegen oder mit Butter einstreichen. Strudel einlegen und nochmals großzügig mit flüssiger Butter rundum einstreichen. Im vorgeheizten Backrohr etwa 40 Minuten backen. Herausnehmen und mit Staubzucker bestreuen. Kalt oder lauwarm servieren.

Nach einem anderen Wiener Rezept wird der Apfelstrudel auch oft mit Blätterteig zubereitet, wobei auch die Fülle etwa mit geriebenen Nüssen verfeinert werden kann.

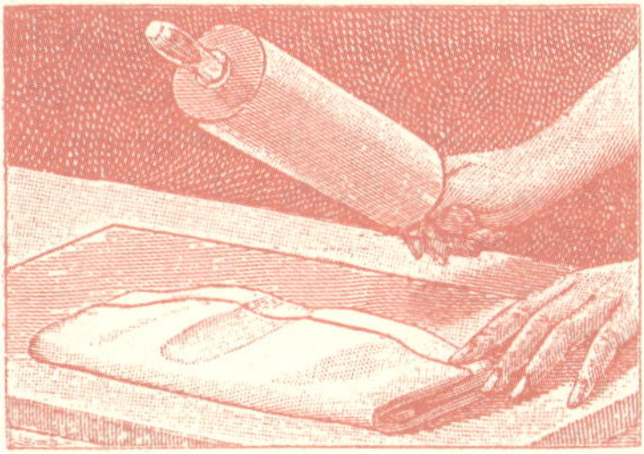

Millirahmstrudel mit Vanillesauce

Für 6–8 Portionen
1 Rezept Strudelteig (Rezept S. 62,
ersatzweise Fertigstrudelteig oder Filoteig)
Für die Fülle:
8 Semmeln vom Vortag, 1/4 l Milch, 130 g Butter,
110 g Kristallzucker, 4 Eidotter, 150 ml Sauerrahm,
100 g Topfen, 1 Pkt. Vanillezucker, etwas abgeriebene
unbehandelte Zitronenschale, 4 Eiklar, 60 g Rosinen
Für die Eiermilch:
300–400 ml Milch, 2 Eier,
2 EL Staubzucker, 1 Pkt. Vanillezucker
Für die Vanillesauce:
1/2 l Milch, 2–3 EL Vanillezucker, 25 g Vanille-
puddingpulver, 100 g Kristallzucker, 2 Eidotter,
2–3 EL flüssiges Schlagobers, 1 Schuss Rum
Außerdem:
Mehl für die Arbeitsfläche,
reichlich zerlassene Butter zum Bestreichen,
Butter für die Form, Staubzucker zum Bestreuen

Einen Strudelteig nach Rezept vorbereiten. Für die Fülle Semmeln entrinden, würfelig schneiden und in Milch weichen. In einer Schüssel Butter schaumig schlagen. 100 Gramm Zucker, Eidotter, Rahm, Topfen, Vanillezucker sowie Zitronenschale zugeben und cremig rühren. Semmeln ausdrücken und daruntermengen. Eiklar mit restlichem Kristallzucker steif schlagen und unterheben. Den Teig auf einem großen bemehlten Tischtuch wie im Rezept auf S. 62 beschrieben ausziehen und mit

flüssiger Butter bestreichen. Fülle auf etwa zwei Drittel des Teiges auftragen, Rosinen darüberstreuen und den Strudel vorsichtig einrollen. Die Enden gut verschließen. Eine rechteckige Backform mit Butter ausstreichen, den Strudel mit der Naht nach unten hufeisenförmig einlegen und großzügig mit flüssiger Butter bestreichen. Backrohr auf 180 °C vorheizen.
Für die Eiermilch Milch, Eier, Staub- und Vanillezucker gut miteinander verrühren. Etwa ein Viertel der Menge über den Strudel gießen und diesen in ca. 45 Minuten goldbraun backen. Zwischendurch immer wieder mit Eiermilch aufgießen, bis diese gänzlich verbraucht ist. Währenddessen für die Vanillesauce etwa ein Drittel der Milch mit Vanillezucker und Puddingpulver glatt rühren. Restliche Milch mit Kristallzucker aufkochen, Puddinggemisch unter ständigem Rühren einmengen und nochmals kurz aufkochen. Topf vom Feuer nehmen und mit dem Schneebesen Eidotter, Schlagobers sowie etwas Rum einrühren. Den fertigen Strudel aus dem Backrohr nehmen, kurz überkühlen lassen und gut mit Staubzucker bestreuen. Vanillesauce in Portionsförmchen füllen und noch lauwarm zum Strudel servieren.

Der Millirahmstrudel soll im 19. Jh. in einem Wienerwald-Gasthof von einer Köchin namens Milli erfunden worden sein. Dass es sich dabei nur um eine Legende handelt, beweist indessen die Tatsache, dass sich bereits in einem 1696 handschriftlich verfassten Wiener „Koch-Puech“ ein Rezept „Mülch Raimb Strudl zu machen“ findet. Bei der Milli handelt es sich also schlicht und einfach um Milch.

Topfenknödel mit Zwetschkenröster

Für den Zwetschkenröster:
1 kg Zwetschken, 1 Zimtstange,
einige Gewürznelken, 200 g Kristallzucker,
Saft und abgeriebene Schale von
1 unbehandelten Zitrone
Für die Knödel:
100 g Butter, abgeriebene Schale von
1 unbehandelten Zitrone, 1 Prise Salz, 4 Eier,
200 g magerer Topfen, 200 g entrindetes Toastbrot,
150 ml Sauerrahm, 120 g glattes Mehl
Außerdem:
100 g Butter und 80 g Semmelbrösel

Für den Zwetschkenröster Zwetschken halbieren und entsteinen. Gewürze in ein Leinen- oder Teesäckchen geben, zubinden und mit Zucker, Zitronensaft und -schale in 150 Milliliter Wasser aufkochen. Zwetschken einmengen und in 25–35 Minuten weich dünsten. Säckchen entfernen und Zwetschkenröster kalt stellen.
Für die Knödel Butter mit Zitronenschale und Salz schaumig rühren. Eier einrühren, Topfen passieren und daruntermengen. Entrindetes Toastbrot kleinwürfelig schneiden und mit Rahm und Mehl unter die Knödelmasse mischen. Etwa 20 Minuten lang rasten lassen. Anschließend Knödel daraus formen.
Salzwasser zum Kochen bringen, Knödel einlegen und je nach Größe 12–15 Minuten leicht wallend kochen lassen, bis sie aufsteigen. Herausheben und gut abtropfen lassen. Butter in einer Pfanne langsam schmelzen,

Brösel auf kleiner Hitze darin leicht anbräunen und Knödel in den Butterbröseln wälzen. Zwetschkenröster in kleinen Schälchen extra dazu servieren.

Marillenknödel

Mehl für die Arbeitsfläche, 250 g Topfen,
60 g Butter, 1 Ei, 1 Prise Salz,
125 g glattes Mehl, 8 entsteinte Marillen,
Butter und Semmelbrösel zum Schwenken,
Staub- oder Zimtzucker zum Bestreuen

Auf einer bemehlten Arbeitsfläche aus Topfen, Butter, Ei, Salz und Mehl einen Knödelteig kneten. Zu einer Rolle formen und diese auf 8 Portionen aufteilen. Teigstücke in der Handfläche leicht auseinander drücken. Entkernte Marillen in die Mitte setzen, den Teig um die Marillen ziehen und zu runden Knödeln formen.
In einem großen Topf leicht gesalzenes Wasser aufkochen und die Knödel darin ca. 10 Minuten leicht wallend kochen. Herausheben und abtropfen lassen.
In einer Pfanne ausreichend viel Butter zerlassen, Brösel darin hell anrösten. Knödel einlegen und unter Schütteln der Pfanne darin schwenken. Mit Staub- oder Zimtzucker bestreut servieren.

Sind die Marillen nicht ganz so süß, 1 Stück Würfelzucker oder Marzipan hineinstecken. Nach diesem Rezept lassen sich auch andere Obstknödel (etwa mit Erdbeeren, Zwetschken etc.) zubereiten.

Powidltascherl

250 g glattes Mehl, 2 Eier, 1 Prise Salz,
3 EL Pflanzenöl, Mehl für die Arbeitsfläche,
250 g Powidl, 2 EL Rum, 2 Eiklar, 4 EL Butter,
120 g Staubzucker, 1 Msp. Zimt

Mehl auf eine Arbeitsfläche sieben und mit Eiern, Salz, 3 Esslöffeln Wasser und Öl zu einem elastischen Teig verkneten. Zu einer Kugel formen, in Klarsichtfolie einschlagen und im Kühlschrank etwa 1/2 Stunde rasten lassen.

Teig auf einer bemehlten Arbeitsfläche auf eine Stärke von ca. 2 Millimetern ausrollen. Daraus Quadrate von etwa 8–10 Zentimetern Seitenlänge schneiden, jeweils etwas von dem mit Rum vermengten Powidl daraufsetzen und die Ränder mit Eiklar bestreichen. Zu Dreiecken zusammenklappen. Ränder zwischen den Fingern fest zusammendrücken.

In einem großen Topf ausreichend viel Salzwasser zum Kochen bringen, Powidltascherl vorsichtig einlegen und auf kleiner Flamme leicht wallend etwa 8 Minuten ziehen lassen. Herausheben, gut abtropfen lassen, in geschmolzener Butter schwenken und mit Staubzucker und Zimt bestreut servieren.

Kaiserschmarren

6 Eidotter, 50 g Kristallzucker, 1/4 l Milch,
200 g glattes Mehl, 6 Eiklar, 1 Prise Salz,
Butter zum Herausbacken und für die Form,
40 g Rosinen, Staubzucker zum Bestreuen

In einer Schüssel Dotter gründlich mit Zucker, Milch und Mehl verrühren. Eiklar mit Salz zu festem Schnee ausschlagen und behutsam unterheben.
In einer großen Pfanne ausreichend viel Butter zum Schmelzen bringen, die Masse eingießen und Rosinen darüberstreuen. Einige Minuten anbacken, bis die Unterseite zart goldbraun ist. Wenden und die noch nicht völlig gestockte Masse mit zwei Gabeln in Stücke reißen. Den Schmarren in eine gebutterte feuerfeste Auflaufform heben und im auf 200 °C vorgeheizten Backrohr noch kurz fertig backen, bis die Masse gerade stockt, aber noch nicht ausgetrocknet ist. Mit Staubzucker bestreuen und mit Zwetschkenröster (Rezept S. 66) servieren.

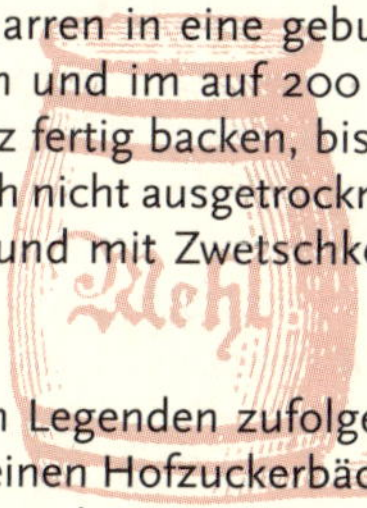

Einer von vielen Legenden zufolge soll der Kaiserschmarren auf einen Hofzuckerbäcker namens Leopold zurückgehen, der Kaiser Franz Joseph und Kaiserin Elisabeth diese neue Komposition präsentieren ließ. Bei der figurbewussten Kaiserin stieß er damit auf wenig Gegenliebe. Der Kaiser hingegen soll mit den Worten eingelenkt haben: „Na geb' er mir halt her den Schmarren, den unser Leopold heut' wieder z'sammkocht hat."

Liwanzen (Böhmische Dalken)

Für den Teig:
1/4 l Milch, 400 g glattes Mehl, 20 g Germ, 2 EL Butter, 1 EL Kristallzucker, Salz, etwas abgeriebene unbehandelte Zitronenschale, 2 Eier

Für die Fülle:
250 g Powidl, 2 cl Slibowitz, 250 g Topfen (20 %), 2 Eidotter, 1 Schuss Zitronensaft, 1 EL Zucker

Außerdem:
Mehl zum Auswalken, Butter oder Öl zum Herausbacken, Staub- oder Zimtzucker zum Bestreuen

Zunächst ein Dampfl aus wenig Milch, etwas Mehl und Germ zubereiten und zugedeckt an einem warmen Ort 1/2 Stunde gehen lassen. Dampfl mit den übrigen angegebenen Zutaten zu einem elastischen Germteig verarbeiten und diesen abermals an einem warmen Ort auf das Doppelte seines Volumens aufgehen lassen. Für die Fülle Powidl mit Slibowitz vermengen. Topfen passieren und mit Eidottern, Zitronensaft und Zucker zu einer Creme verrühren.

Auf einer bemehlten Arbeitsplatte den Teig auswalken und Liwanzen (runde Taler) von etwa 8 Zentimetern Durchmesser ausstechen. In einer Liwanzenpfanne mit entsprechenden Vertiefungen (oder in einer geeigneten kleinen Palatschinkenpfanne) Butter oder Öl erhitzen und die Liwanzen beidseitig goldbraun backen. Herausheben und warm stellen. Ein Viertel der Liwanzen mit dem Powidl bestreichen. Auf das zweite Viertel die

Creme auftragen. Jeweils eine bestrichene und eine unbestrichene Liwanze zusammensetzen, mit Staub- oder Zimtzucker bestreuen. Dazu passt als Beilage Zwetschkenröster (Rezept S. 66).

Palatschinken

Für 10 Stück

180 g glattes Mehl, 3 Eidotter, 2 Eier, 1 Prise Salz, 50 g Kristallzucker, 3/8 l Milch, Butter oder Pflanzenöl zum Anbacken, 150 g zimmerwarme Marillenmarmelade, Staubzucker zum Bestreuen

In einer Schüssel Mehl, Eidotter, Eier, Salz, Kristallzucker und Milch zu einem glatten, dünnflüssigen Teig verrühren. In einer kleineren Pfanne (ca. 20 cm Durchmesser) wenig Fett erhitzen und gerade so viel Teig in die Pfanne gießen, dass er sich unter gleichmäßigem Schütteln der Pfanne bis an die Ränder verteilen kann. Goldbraun anbacken, mit einem Bratenwender rasch wenden und dabei darauf achten, dass die Palatschinke nicht reißt. Andere Seite ebenfalls goldbraun backen, herausheben und warm stellen. Restliche Palatschinken ebenso backen. Dann jede Palatschinke mit Marillenmarmelade bestreichen, zusammenrollen und mit Staubzucker bestreut servieren.

Häufig werden die Palatschinken auch mit Topfencreme oder geriebenen Nüssen und Mandeln gefüllt und mit warmer Schokoladesauce übergossen.

Kaisergugelhupf

30 g Germ, ca. 1/4 l Milch,
100 g Kristallzucker, 350 g glattes Mehl,
150 g Butter, 6 Eidotter, 1 Prise Salz, 2 Eiklar,
Butter zum Ausstreichen, Mehl zum Stauben,
geschälte und halbierte Mandeln zum Auslegen,
Staubzucker zum Bestreuen

Aus Germ, etwas erwärmter Milch, 1 Prise Zucker und 1 Esslöffel Mehl ein Dampfl ansetzen und zugedeckt an einem warmen Ort gehen lassen. In einer Schüssel Butter schaumig rühren, restlichen Zucker, Eidotter, restliches Mehl, restliche Milch, Salz und das aufgegangene Dampfl einmengen. Den Teig so lange kräftig schlagen, bis er sich vom Schüsselrand leicht löst und Blasen schlägt. Eiklar zu steifem Schnee schlagen und unterheben.

Eine Gugelhupfform mit Butter ausstreichen, mit Mehl stauben und mit den Mandeln auslegen. Teig in die Form einfüllen und zugedeckt an einem warmen Ort aufgehen lassen. Inzwischen das Backrohr auf 170–180 °C vorheizen und den Gugelhupf darin etwa 1 Stunde backen. Kurz überkühlen lassen und dann stürzen. Vor dem Servieren mit Staubzucker bestreuen.

Sachertorte

130 g handwarme Butter, 110 g Staubzucker,
6 Eidotter, 1 Pkt. Vanillezucker,
130 g Bitterschokolade, 6 Eiklar, 110 g Kristallzucker,
130 g glattes Mehl, Butter und Mehl für die Form,
8 EL Marillenmarmelade, 2 Becher Schokoladenglasur

In einer Schüssel Butter und Staubzucker schaumig rühren und Dotter sowie Vanillezucker einrühren. Schokolade in einem warmen (nicht heißen) Wasserbad schmelzen und einmengen.
Backrohr auf 180 °C vorheizen. Eiklar schlagen, mit Kristallzucker steif ausschlagen und vorsichtig unter die Masse heben. Zuletzt das Mehl behutsam einrühren. Eine Tortenspringform gut mit Butter ausstreichen und mit Mehl stauben. Teig einfüllen und im vorgeheizten Rohr etwa 1 Stunde lang backen. Torte herausnehmen, erkalten lassen und waagerecht halbieren. Die beiden Tortenhälften mit passierter, leicht erwärmter Marmelade hauchdünn bestreichen, Tortenböden wieder zusammensetzen und auch an der Außenseite mit Marmelade bestreichen. Die Schokoladeglasur schmelzen und die Torte abschließend damit überziehen.

Die wohl berühmteste Wiener Torte wurde von einem Lehrling namens Franz Sacher „erfunden“. Er diente damals als Kocheleve im Hause des Fürsten Metternich und gründete später das Hotel Sacher, wo sich das Originalrezept sicher verschlossen in einem Safe befindet und bis heute geheim gehalten wird.

Linzer Torte

Für den Teig:
140 g Butter, 140 g Kristallzucker, 140 g geriebene Mandeln und/oder Haselnüsse, 140 g glattes Mehl, 2 gekochte und durch ein Sieb gedrückte Eidotter, 1 Ei, 1 KL gemahlener Bohnenkaffee, 1 Msp. Zimt, 1 Msp. Nelkenpulver, Saft von 1/2 Zitrone

Außerdem:
Butter für die Form und zum Bestreichen, 80 g Ribiselmarmelade, 1 Ei zum Bestreichen, Staubzucker zum Bestreuen

Alle für den Teig angegebenen Zutaten gut miteinander verbröseln, rasch zu einem glatten Mürbteig verkneten. Zu einer Kugel formen und in Folie gewickelt 1/2 Stunde im Kühlschrank rasten lassen.
Backrohr auf 160 °C vorheizen. Teig teilen, eine Hälfte davon auf den Boden einer gut befetteten Tortenform drücken und gleichmäßig mit 60 Gramm Ribiselmarmelade bestreichen. Aus zwei Dritteln des restlichen Teiges Rollen von ca. 5 Millimetern Durchmesser formen und diese gitterförmig über die Torte legen. Aus dem noch verbleibenden Teigrest einen fingerdicken Wulst auswalzen und diesen als Rand rund um die Torte legen. Leicht fest drücken. Rand und Teiggitter mit dem verquirlten Ei bestreichen, in das Rohr schieben und die Torte in ca. 45 Minuten schön hellbraun backen. Überkühlen lassen und die Zwischenräume zwischen den Gittern mit der restlichen Marmelade ausstreichen. Mit gesiebtem Staubzucker bestreuen.

Malakofftorte

Für die Torte:
180 g zimmerwarme Butter, 200 g Staubzucker,
4 Eidotter, 180 g geschälte, geriebene Mandeln,
150 ml Schlagobers, ca. 50 Biskotten,
etwas Rum und Milch zum Einweichen
Für die Garnitur:
1/4 l Schlagobers, Mandelsplitter,
Biskotten, Cocktailkirschen

Für die Torte Butter in einer Schüssel schaumig rühren und Staubzucker sowie Eidotter dazugeben. Mandeln und flüssiges Obers hinzufügen und alles weiterrühren, bis die Masse zu einer steifen Creme geworden ist.
Eine Springform bereitstellen, die Biskotten nacheinander in mit etwas Rum vermengter Milch kurz wenden und den Boden der Form damit auslegen. Den Rand mit quer halbierten Biskotten auskleiden. Biskotten großzügig mit der Creme bestreichen, abermals mit getränkten Biskotten belegen und diesen Vorgang so lange wiederholen, bis die Creme verbraucht ist, wobei die Biskotten den Abschluss bilden. Die Torte mit Klarsichtfolie abdecken und kühl mindestens 5 Stunden ziehen lassen.
Danach die Torte vorsichtig aus der Springform lösen, mit geschlagenem Schlagobers rundum gut bestreichen. Den Tortenrand mit den Mandelsplittern bestreuen, die Oberfläche mit quer halbierten Biskotten und Cocktailkirschen belegen. Mit aufgespritztem Schlagobers verzieren.

Kleines österreichisches Küchenlexikon

Abschmalzen	Mit heißem Fett, meist Schmalz, übergießen bzw. etwas darin schwenken.
Angrammeln	Speck anrösten, bis das Fett ausgebraten ist
Apfelkren	Apfelmeerrettich
Backhendl	Paniertes, in heißem Fett (oft Butterschmalz) herausgebackenes Huhn
Beiried	Ausgelöstes, im Ganzen belassenes oder in Scheiben geschnittenes Rindsrippenstück
Beuschel	Innereienragout aus Kalbslunge und -Herz
Biskotte	Löffelbiskuit
Brathendl	Im Backrohr knusprig gebratenes Huhn
Bröseltopfen	Magere Quarksorte, die speziell für Kärntner Kasnudeln verwendet wird. Außerhalb Kärntens durch Hüttenkäse ersetzbar.
Buchtel	Kleines, mitunter süß gefülltes Hefegebäck
Bügerl (Büagerl)	Keule vom Huhn
Bummerlsalat	Sehr knackiger Salat, auch Eisbergsalat
Dalken	Kleine Pfannkuchen aus Hefeteig
Dampfl	Hefeansatz, Vorteig
Eidotter	Eigelb
Eiklar	Eiweiß
Einbrenn	Braune Mehlschwitze
Erdäpfel	Kartoffeln
Essiggurkerl	Sehr kleine, in Essig eingelegte Gewürzgurken

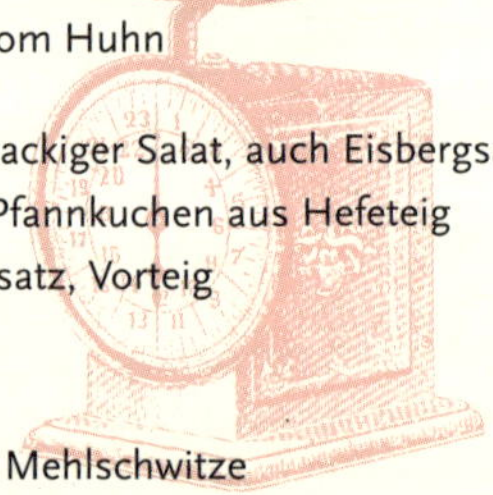

Faschiertes	Hackfleisch
Feinnudelig schneiden	In feine Streifen schneiden
Fisolen	Grüne Bohnen
Fleischlaibchen	Frikadellen
Fleckerl	Kleine Quadrate aus Nudelteig
Frankfurter	Wiener Würstchen
Frittaten	Suppeneinlage aus in Streifen geschnittenen Pfannkuchen
Gelbe Rübe	Möhre
Germ	Hefe
Germteig	Hefeteig
Geselchtes	Räucherfleisch
Grammeln	Grieben, ausgelassener fetter Speck
Gugelhupf	Napfkuchen
Haxln	auch Hachse oder Stelze, unteres Bein von Schwein etc.
Heidenmehl	Buchweizenmehl
Heurige Erdäpfel	Frühkartoffeln
Karotte	Besonders feine Möhre (Mohrrübe)
Karree	Rippenstück
Kernöl	Speiseöl aus gerösteten Kürbiskernen
Kletzen	Dörrbirnen
Knödel	Kloß
Kohl	Wirsing
Kotelett	Rippchen
Kraut	Weißkohl
Kren	Meerrettich

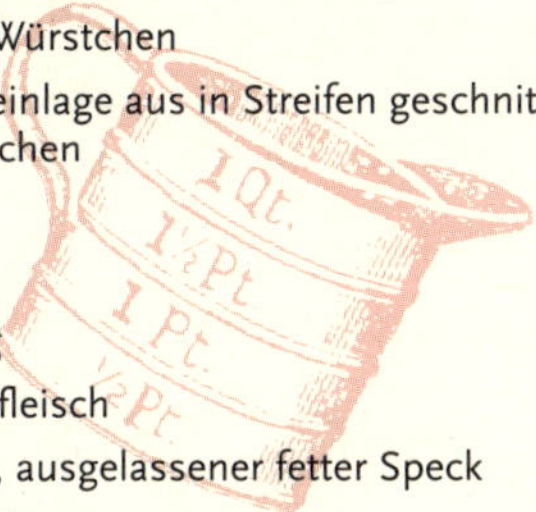

Kren, gerissener	Geriebener Meerrettich
Kruspelspitz	Fleisch von der Rindsschulter
Kuttelkraut	Thymian
Lungenbraten	Lenden- oder Filetstück (etwa vom Rind oder Schwein)
Marille	Aprikose
Mehl, glattes	Sehr fein ausgemahlenes Mehl, in der Regel: in Österreich Type W 480 oder W 700, in Deutschland Type 405 oder 550.
Mehl, griffiges	Nicht so stark ausgemahlen wie das glatte Mehl (siehe dort). In Deutschland durch Instantmehl bzw. Weizendunst ersetzbar. Besonders gut geeignet z. B. für Strudel-, Nockerl-, Spätzle- bzw. Knöpfleteig und zum Binden von Saucen.
Mehlspeisen	Sammelbegriff für Desserts und Süßspeisen
Nockerl	Spätzle, kleine Teigklößchen oder Sammelbegriff für kleine, oval geformte Speisen
Obers	Sahne
Omelett	Eierkuchen
Palatschinken	Pfannkuchen
Paradeiser	Tomate
Powidl	Pflaumenmus. Vor allem in der altböhmischen Küche ein Pflaumenmus, das im Gegensatz zu Zwetschkenmarmelade ohne jede Zuckerbeigabe und Geliermittel eingedickt wird.
Reibeisen	Rohkostreibe
Ringlotte	Reineclaude
Ribisel	Johannisbeere

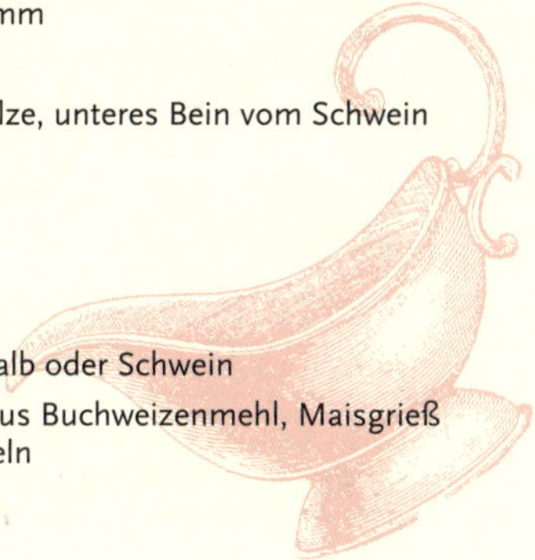

Rostbraten	Hohes Roastbeef, Hohe Rippe
Sauerrahm	Saure Sahne
Schlagobers	Schlagsahne
Schopfbraten	Schweinekamm
Schwammerl	Pilze
Schweinshaxln	Schweinsstelze, unteres Bein vom Schwein
Selchen	Räuchern
Semmel	Brötchen
Speisesoda	Backpulver
Staubzucker	Puderzucker
Stelze	Haxe vom Kalb oder Schwein
Sterz	Fester Brei aus Buchweizenmehl, Maisgrieß oder Kartoffeln
Sulz	Sülze
Suren	Einpökeln
Tafelspitz	Ende vom Rindschwanzstück
Topfen	Quark
Versprudeln	Verquirlen
Vogerlsalat	Feldsalat
Wadschunken	Stark durchzogenes Rindfleisch, speziell für Gulasch geeignet.
Waller	Wels
Wecken	längliches Weizenbrötchen
Weißkraut	Weißkohl
Würstel	Meist Frankfurter (Wiener) Würstchen
Zwetschken	Pflaumen
Zwetschkenröster	Gedünstete Pflaumen

Verzeichnis der Rezepte

Suppen & Vorspeisen

Salate & Beilagen

Zwischengerichte & kleinere Hauptspeisen

Hauptspeisen mit Fisch

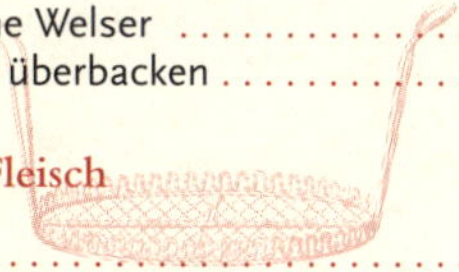

Hauptspeisen mit Fleisch

Süße Gerichte

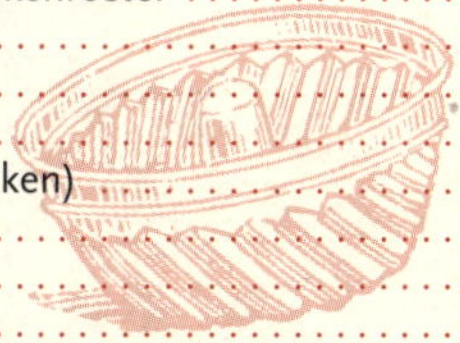